宗教規制

宗教規制問題研究会［編］

総合教育出版

まえがき

田畑淳

本書は宗教が社会に参画するかたちや、社会における宗教のあり方を議論するものです。特に、寺や神社には信徒として数えられていても、実態的には信仰する宗教を持たないと思っている日本人にとって、新宗教や外国人の信仰に感じる警戒感や、未知な存在に対する不安感などは拭い去ることができず、結果的に「怪力乱神を語らず」とする態度に繋がっていると感じます。

そうしたアンタッチャブルな存在としての状況を前提として、例えば宗教が政治や社会に対して何か意見するとか、参画するということ自体、日本では非常にネガティブに捉えられています。宗教による政治に対する不正な影響や不適切な繋がりが存在したこと、これからもありうることは確かです。しかし、信教の自由は憲法で保障されている人権であるところ、その本旨を考え、正しく宗教と接していくことが今の日本に求められています。私たちは、日本における宗教団体のあるべき姿や、宗教団体の正しい社会・政治との関わり方については、もっと正面から議論されねばならないと考えます。

わが国では世界平和統一家庭連合（旧統一教会）が近年重要な政治問題となりました。旧統一教会による深刻な消費者被害や、あるいは日本にとっての脅威である北朝鮮との繋がりが疑われる状況など、一般的に宗教団体が持たない危険な側面を持っている団体が旧統一教会であり、宗教全般に対する国民の不信が高まっている状況と言えそうです。安倍晋三元総理大臣銃撃というショッキングなニュースについても、旧統一教会との関連性が報道されました。旧統一教会に対する文部科学省による解散命令請求について、春頃には判断が出るとの報道もあります。このような現状で宗教に対する規制を考える際、多くの国民の中で旧統一教会の問題が思い起こされることは想像に難くありません。もちろん旧統一教会は宗教のひとつです。しかしきわめて特殊な旧統一教会という宗教団体を念頭に置いて宗教問題全体を語ることもまた不適切でしょう。

世の中では法事や初詣で訪問する寺や神社までを疑うことはなくとも、ショッキングなニュースから見慣れない新宗教に対しては警戒感を強めすぎ、羹に懲りて膾を吹く状態になることも想像できます。こうした状況も「宗教を信じている」という一事で国民が分断されてしまうことに繋がりかねません。

政治と宗教の関わりについて、例えば政治家が浄土真宗の僧侶と面会しても、それが問題だと考える人は少ないでしょう。そうすると、どこからが問題になるのか。私たちは政教分離についても改めてその基準を考える必要があると思いますが、極端に宗教を警戒することは、宗教を信じる者が孤立し、かえって社会が不安定化することにも繋がりえます。かといって、わが国と異なる歴史、背景を持つ海外の基準をそのまま当てはめて信教の自由を論じることも妥当とは考えられません。

例えば、憲法修正第1条において国教の樹立を禁止し、政教分離について日本に近い厳格な規定を持つとされるアメリカも、改めて見ると、日本における多数派のような宗教敬遠派は少なく、民族性から地域制まで様々な括りの多様な宗教が各地で主張し、また政治においても大統領選挙から中絶論争まで宗教が正面に出て論争に参加する国であることに違いを感じます。

わが国では、宗教について、信教の自由があることはすべての国民が知っていても、それが一体何を保証しているのか、多くの国民に考える機会がありませんでした。むしろ、信教の自由については、敗戦と国家神道の解体という歴史の文脈で「神道を国教にしないために存在する」と理解している人が多いかもしれません。それは必ずしも偽りではありませんが、憲法に規定された人権の全貌とはとても言えません。わが国の法制度において信仰そのものは法的な係争にもなじまず、消費者問題や児童虐待の問題が浮上した際に、あるいは住民訴訟で公金の支出が争われた際に一瞬だけ姿を見せる姿は漠然としており、まるで巨大なクジラに小さな懐中電灯で光をあてるような視点でしか宗教を捉えることができません。

しかし、現在の日本では、戦後成長した宗教の「二世問題」が深刻化しており、多くの数の二世信者が「信じない自由」を訴えています。これは、信じる側をマイノリティとして守ることを目指してきた者にとっては、被抑圧者が抑圧者に転じる深刻な問題です。また、移民の増加に伴い、フランスで起きている「スカーフ問題」のような宗教に関する論争が発生する可能性も十分にあります。多くの人の権利が関わるこうした問題を、無視してやり過ごすことはできません。私たちは現代の諸問題に対峙するためにも、宗教のあり方について日本人としての議論を進める必要があるのではないかと考えています。その一助になればと本書の企画を進めることといたしました。

第１章

日本の宗教状況について

総合教育出版編集部

本書で宗教規制について触れていくにあたり、まずは日本でどのように宗教法人が存在し、どのような歴史的遷移があったのかを簡単に説明したい。

日本の宗教団体等の推移

現在、日本には17万を超える宗教法人がある。多いと思うかもしれないが、大半は近所にある神社やお寺である。

文化庁が出している宗教統計調査の10年間の統計推移（表A）をみると、宗教法人数は２０１３年に18万1千９６１法人から２０２２年には17万9千３３９法人と10年間で2千６２２法人も減少した。コロナ禍が影響したかは不明だが、２０１３年から２０２０年までは２００件前後の減少ペースだったものが、２０２１年と２０２２年では６００件程度も法人数が減少した。日本国内の宗教信者数の推移もみてみると、２０２０年までは増減を繰り返しているものの２０２１年から２０２２年には1千６５６万8千８１４人も急激に減少した。

文部科学大臣所轄の宗教団体（表B）を系統別で、神道系団体をみると8万4千３５５団体のうち8万3千５８７団体が神道系神道と教派系神道に属する団体である。同様に仏教系団体では全体で8万1千２２２団体あり、天台系、真言系、浄土系、禅系、日蓮系、奈良仏教系の団体が8万1千１９９団体。キリスト教系団体においては、全体で6千３８５団体あり、旧教団体が１

（各年12月31日現在）

区分		宗教法人数	宗教法人数	宗教法人数	宗教法人数	宗教法人数		
		包括宗教法人	単位宗教法人	単位宗教法人	単位宗教法人	合計	教師数	信者数
			被包括宗教法人	単立宗教法人	小計			
西暦（暦年）	和暦（暦年）	法人	法人	法人	法人	法人	人	人
2013年	平成25年	399	174,671	6,891	181,562	181,961	696,971	190,176,262
2014年	平成26年	399	174,476	6,935	181,411	181,810	685,867	190,219,862
2015年	平成27年	399	174,275	6,971	181,246	181,645	655,891	188,892,506
2016年	平成28年	399	174,058	7,040	181,098	181,497	650,679	182,266,404
2017年	平成29年	399	173,774	7,079	180,853	181,252	657,238	181,164,731
2018年	平成30年	399	173,576	7,089	180,665	181,064	659,658	181,329,376
2019年	令和元年	395	173,292	7,141	180,433	180,828	652,045	183,107,772
2020年	令和2年	397	172,957	7,190	180,147	180,544	648,553	181,146,092
2021年	令和3年	394	172,337	7,221	179,558	179,952	646,952	179,560,113
2022年	令和4年	393	171,595	7,351	178,946	179,339	627,849	162,991,299

（表A）過去10年間における主要数値の推移

（出典：文化庁「宗教年鑑 令和５年版 第7表より」）

千０１５団体、新教団体が５千３７０団体。旧教はカトリックのことで新教はプロテスタントのこと。

2022年12月31日現在

項目	宗教団体数（宗教法人を含む。） 神社	宗教団体数（宗教法人を含む。） 寺院	宗教団体数（宗教法人を含む。） 教会	宗教団体数（宗教法人を含む。） 布教所	宗教団体数（宗教法人を含む。） その他	宗教団体数（宗教法人を含む。） 小計
単位	団体	団体	団体	団体	団体	団体
系統／総数	78,748	73,825	26,166	17,684	5,599	202,022
神道系	78,731	3	4,452	726	443	84,355
神社神道系	78,561	0	268	83	71	78,983
教派神道系	105	3	3,814	561	121	4,604
新教派系	65	0	370	82	251	768
仏教系	6	73,818	1,690	1,449	4,259	81,222
天台系	5	4,455	221	150	8	4,839
真言系	1	12,347	458	453	62	13,321
浄土系	0	29,196	172	60	284	29,712
禅系	0	20,644	9	40	96	20,789
日蓮系	0	6,900	785	631	3,805	12,121
奈良仏教系	0	259	45	113	0	417
その他	0	17	0	2	4	23
キリスト教系	0	4	5,741	614	26	6,385
旧教	0	0	837	178	0	1,015
新教	0	4	4,904	436	26	5,370
諸教	11	0	14,283	14,895	871	30,060

(表B) 文部科学大臣所轄宗教法人

包括宗教団体の被包括宗教団体・教師・信者数（系統別・所轄庁別）
(出典：文化庁「宗教年鑑 令和５年版 第7表より」)

日本で新宗教の活動が始まり、宗教法人法ができるまで

日本における宗教の変遷を捉えるため、江戸時代末期から現在までの日本における宗教関連法の整備経緯について紹介する。

日本の新宗教は江戸時代末期に黒住教、金光教、天理教、禊教などの運動が起こったことが始まりである。江戸幕府は基本的には新規の宗教は認めない立場を取っていたのでこうした新宗教が出てきたことは不思議であるが、江戸幕府の力が弱まってきたことが一つの要因であった。江戸時代は幕府と協力関係にあった仏教が主流であったが、神道も残っていた。主に室町以前から神道を司る役目にあった白川家と吉田家に神官を管理する役目が任されていた。この神官を指名する権限をもった吉田家と白川家の門人に新宗教の開祖がなり、江戸時代に神道系新宗教が発生してきたのである。両家に認められれば形式上は幕府が禁止する新しい宗派ではないとされたため、神官職を得た者が宗教活動を行うことができた（＊井上１９９２）。

江戸幕府から明治政府に変わり、新宗教の法整備が進んでいくことになる。明治政府はまず宗教を広められる教導職制度を定めた。宗教を広める一種の資格制である。この教導職にならなければ布教活動は行えなかった。明治政府は神官と教導職の分離を１８８２年に行い、神社神道をほかの宗教から切り離すとする方針を示した。その後１８８４年に教導職制度は廃止され、新規

の宗教布教は実質的に既存の宗教以外はできなくなった。

１８８７年に信者数3万人くらいとされた頃に天理教は神道本局の直轄教会となり、１８９６年には信者数が３００万人と急激に伸び、新宗教最大の勢力となった。急激に天理教が伸びたことで、当時は社会的問題も指摘されるようになり、内務省から秘密訓令が出され天理教を取り締まることが示されている。秘密訓令には天理教が男女集まり秩序を乱す行為があること、水やお札などの付与で人々を惑わし医薬を妨害していること、寄付の強要が起こっていることなどが指摘されていた。機を同じくして新聞から天理教を批判するキャンペーンがはられている（*井上１９９２）。

１８９９年、内務省令で「神仏道以外の宗教の宣布者および堂宇説教所講義所の設立、移転、廃止等に関する届け出規定」が定められ、所定の手続きを経て認可を受ければ宗教活動ができるようになった。教派神道や仏教宗派は文部省宗教局の管轄であったが、これら内務省管轄の宗教は類似宗教と呼ばれる。大本教、生長の家、ひとのみち教団、霊友会などは類似宗教となる。

宗教活動の認可は比較的とりやすくなり、宗教団体が増える中、思想の取り締まりはきびしくなっていく。１９０７年に新刑法が制定され不敬罪の内容が強化された。内務省による大本取り締まり指令が１９２０年に出され、翌年に第一次大本事件が起こる。

第一次大本事件は、出口王仁三郎（でぐち　おにさぶろう）教主を中核として、鉄道網の整備と合わせて教勢を拡大させた宗教法人「大本」を取り締まった事件である。第一次世界大戦後の社会的混乱の中で、１９２２年には世の中の構造を大きく変えることとなる「立替え・立直し」

が起こると終末論を展開し拡大。1920年8月には有力新聞「大正日日新聞」を買収している。さらに陸・海軍の幹部軍人が多数入信したことで、日本政府は大本に警戒感を抱き取り締まりに至った。

1925年になると治安維持法が制定される。当初は社会主義者や共産主義者などを取り締まる対象としていたが、不敬罪と合わせて新宗教を取り締まる法律にもなった。1930年には内務省が特高月報として国内治安に関して発表するようになり、1935年に第二次大本事件がおこると、1936年から宗教運動についても記載されるようになる。

第二次大本弾圧事件は、再度大本が勢いを増していくなかで、大本が国家主義運動に参入したことを警戒した内務省がその政治活動を弾圧し、大本教の教義は「国体を変革」しようとしているとして、幹部・信者合わせて987人を検挙した事件である。内務省は最終的に亀岡の大本本部をダイナマイトで破壊するという激しい取り締まりを行っている。

第二次大本教弾圧事件を契機に宗教の取り締まりが始まると、1936年には神政竜神会、天津教、ひとのみち、新興仏教青年同盟、1938年には天理本道、天理神之口明場所、1939年、灯台社、1941年に天理三輪講、御国教、如来教、大自然天地日之大神教団、プリマス・プレズレン、耶蘇基督之新約教、1942年に大日教、日本聖教会、きよめ教会、本門仏立講勝川本部、1943年に創価教育学会、第七日基督再臨団と取り締まりは増加した。

1940年に宗教団体法がはじまった。宗教団体法では、神道教派、仏教宗派、キリスト教会は宗教団体となり、類似宗教の多くは宗教結社として位置付けられた。宗教団体法では、宗教結社は地方長官に届け出を行い認可が得られるが、税制上の優遇はなかった。宗教団体法では外交上の配慮からキリスト教を宗教団体として位置付けしている。

１９４１年に治安維持法改正により宗教弾圧に関する拡大適用が既成事実化し、１９４１年に宗教関係で検挙・取り締まりを受けた総数は１０１０件に達した。しかし、戦争が終わり１９４５年10月15日にＧＨＱが出した人権指令を受け治安維持法は廃止され、宗教団体への弾圧も終わり、それまで処罰された人々は無罪とされた。

１９４１年の治安維持法改正内容は次のようなものである。宗教団体の取り締まりについては、第７条〜第９条を追加し、第７条で「国体を否定し又は神宮若は皇室の尊厳を冒瀆すべき事項を流布することを目的として結社を組織した者、その結社の役員、指導者」への罰則を定めた。条文原文は次のようなものである。「國體ヲ否定シ又ハ神宮若ハ皇室ノ尊厳ヲ冒瀆スベキ事項ヲ流布スルコトヲ目的トシテ結社ヲ組織シタル者又ハ結社ノ役員其ノ他指導者タル任務ニ従事シタル者」

１９４２年時点で宗教団体法によって認められていた宗教団体は、神道、仏教、キリスト教系を合わせてわずか四三団体にすぎなかったが、戦後、日本の新宗教は神々のラッシュアワーと呼ばれるほどに乱立する。連合国軍最高司令官総司令部（ＧＨＱ）が宗教団体法の廃止を日本に命じ、１９４５年12月「宗教法人令」が施行。宗教法人の設立は許可制から、全て届出制へ変わり、信教の自由や政教分離の原則が徹底され、宗教法人令では設立手続きが簡素化されたうえに、宗教法人は一律非課税となったことで乱立した。宗教法人令で非課税について記載されたのは宗教法人令16条である。
宗教団体法の廃止から宗教法人令ができるまでの経緯は文科省ウェブサイトに次の通り掲載されている。

戦前の宗教団体法は、宗教団体の法的地位を確立し、その成果をあげたが、その運営の面において信教の自由を妨げるものがないでもなかった。連合国の占領政策の重要なものの一つに宗教政策があったが、それは信教の自由、政教分離、軍国主義的ないし極端な国家主義的思想の除去の三大原則に基づいて行なわれたものであった。昭和二十年十月四日、「政治的、社会的及宗教的自由ニ対スル制限除去ノ件」の覚書が発せられ、治安維持法等とともに宗教団体法も廃止されることになった。

廃止の指令を受けた諸法令の処置は、ほとんど同年十月半ばごろまでに行なわれたが、宗教団体法の廃止はかなり遅れた。それはこの法律の廃止により、宗教団体の財産保全上に遺憾な点があるなどで宗教界に混乱を起こすので、それに伴う措置を講ずる必要があったからである。こうして同年十二月二十八日、宗教団体法と四つの関係勅令が廃止され、同日、宗教法人令が公布、施行された。宗教法人令は、宗教団体法の認可主義を準則主義に改めたものので、これにより宗教法人の設立、規則変更、解散は自由になった。

これより先、同年十二月十五日、「国家神道、神社神道ニ対スル政府ノ保証、支援、保全、監督並ニ弘布ノ廃止ニ関スル件」（一般に神道指令といわれている）の覚書が発せられた。この指令の根本趣旨は、軍国主義的ないし極端な国家主義的思想の根絶、信教自由の確立、政教分離の徹底で、神社神道の国家からの分離にあった。

神社が宗教であるか否かについては、これまでも種々議論のあったところであるが、連合国は当初から宗教として取り扱った。そこで、神社に対しても宗教法人となりうる道を開くため、翌二十一年二月二日、宗教法人令を改正すると同時に、神社関係諸法令の廃止、整備を行なった。これにより内務省神祇院は廃止され、神社神道は宗教法人となることとされ、その事務は文部省の所管するところとなった。

二十一年十一月三日、日本国憲法が公布され、第二十条および第八十九条に、信教の自由、政教分離の原則が明示された。この際、政教分離の一措置として。二十二年四月の「社寺等に無償で貸し付けてある国有財産の処分に関する法律」により、社寺の境内地、保管林の譲与または半額売り払いの処分が行なわれた。

（＊文部省　１９８１）

ＧＨＱ主導で日本の国内宗教の整備は進んだが、新しくできた宗教法人が多くの問題を起こした。皇道治教なる宗教法人は生活即宗教を謳い、商店・旅館・美容院などを傘下に入れれば非課税になると誘い組織化を推進して社会問題となり、他にも宗教活動であるとして売春などを営む宗教法人などが問題となった。様々な問題を起こしながら宗教法人の乱立が続き、300を超える宗教法人が1950年の時点で認証されていた。

1951年4月から現在まで続く宗教法人法が施行され宗教活動の実態がなければ認証を得られない制度として整備された。立正佼成会が主となって、この年の10月に新宗教が加盟団体となる新日本宗教団体連合会が結成されている。

戦後起きた宗教事件と宗教法人法の改正

1956年、読売新聞が4か月間に渡って立正佼成会に対する批判的報道を行っている。いわゆる立正佼成会読売事件である。教団施設建設用地の取得問題、霊感商法や強引な布教活動などがメディアに取り上げられ、この事件を発端に立正佼成会は国会でも頻繁にやり玉に挙げられ、開祖である庭野日敬は衆議院法務委員会に参考人として2度呼ばれることになった。

1970年には言論出版妨害事件によって今度は創価学会に世間の批判が集まった。創価学会に対し批判的な内容の書籍出版に対し創価学会や公明党から圧力をかけたとされる事件である。既に公明党が国政で活動しており、創価学会との関係もこの時に問題となった。

１９９０年代は統一教会、本覚寺、法の華三法行、エホバの証人、オウム真理教など様々な宗教問題が起こった。95年には戦後唯一の宗教法人法の大幅な改正が行われた。内容としては以下の改正となる。

①複数の都道府県で活動する広域宗教法人の所轄庁を文科大臣に改める、②信者その他の利害関係人に財務会計書類等の閲覧請求を認める、③所轄庁に対して一定規模の宗教法人は役員名簿や財務書類等を毎年提出する、④収益事業停止命令、認証取消、解散命令の対象となる疑いがある場合、所轄庁は報告を求めたり質問したりできる、⑤宗教法人審議会の委員数を10人以上20人以内とすることについて改正が行われた。

（＊藤原　２０２１）

宗教法人法改正に合わせて行われた国会論戦の中で創価学会から池田大作を参考人として招致しようとし、その阻止を含め大きな話題となった。１９９５年には明覚寺事件もあった。霊感商法等の問題が起き詐欺罪で立件され、オウム真理教に次いで二件目の解散命令が２００２年に出されている。

霊感商法等の被害を防ぐため消費者契約法の改正が行われ、２０１９年に施行された。消費者庁は取消しの対象となる不当な勧誘行為の中に霊感等による知見を用いた告知を次のように説明している。

消費者は、事業者が消費者契約の締結について勧誘をするに際し、霊感その他の合理的に実証することが困難な特別な能力による知見として、そのままでは当該消費者に重大な不利益を与える事態が生ずる旨を示して不安をあおり、消費者契約を締結することにより確実に重大な不利益を回避できる旨を告げることにより困惑し、消費者契約の申込み又はその承諾の意思表示をしたときは、これを取り消すことができる。

（＊消費者庁 2018）

そして、2022年には安倍晋三元総理銃撃事件を契機に起こった旧統一教会問題が起こり2023年10月に解散命令請求が政府から東京地裁に出された。戦前から現代まで、新宗教が出てきてからは様々な事件が繰り返し起きている。

この間、解散させられたオウム真理教は後継団体が宗教法人としての認証は受けずに活動を継続している。後継団体は、団体規制法（無差別大量殺人行為を行った団体の規制に関する法律）によって監視対象となっており、法務省の公安調査官が日々対応している。令和4年は30回、令和5年では39回立ち入り検査が行われていることが警察庁ウェブサイトで報告書として公開されている。尚、報告書によると後継団体は近年ではSNS（ソーシャルネットワークサービス）等を用いてヨガ教室に誘うなど勧誘において時代に合わせた様々な工夫を行っているようである。

宗教二世問題や宗教虐待など、消えない宗教問題

戦前に多くの宗教が弾圧されたが、先に述べた通り戦後に宗教法人法が整備され、法整備や社会環境などと人口増加に合わせて国内宗教の信徒数は伸びた。戦後の新宗教は教義を冊子にまとめて配布し、集会で知人を誘い合わせるなどあらゆる手法で会員獲得を行い急激に信徒が増える団体も出現した。

その中で、特に新宗教に独特で起こった問題で新しく話題となっているのが二世信者の問題である。新宗教は信者数を増やしていくことが生存の絶対的な条件となり、手近な信徒の子供は絶対に確保しようとした結果、信徒自身に自分の子供を強制的に確保する手法がとられた。多くの宗派で子への継承は宗教の生存戦略の一つとして起こり、同時に宗教二世問題や宗教虐待に繋がっていった。

２０２２年から始まった旧統一教会問題に付属して、宗教二世問題が話題となった。宗教二世とは保護者が何かしらの宗教を信仰しており、その保護者の影響を受け同じ宗教を信仰している子供のことを指す。またそのうえで、信仰を強制させられる、または信仰せざるを得ない状況となって苦しむ宗教二世の問題が話題にあがった。また、信仰を同じくするわけではないが、親の信仰が原因で苦しむ子供が出る宗教虐待問題も同じように話題となった。

2022年10月には厚生労働省子ども家庭局から「宗教の信仰等に関係する児童虐待等への対応に関するQ&A」いわゆる宗教虐待Q&Aが各都道府県知事と市町村長宛に通知された。保護者による宗教の信仰等を背景とする児童虐待事案への対応を取りやすくするために出された通知であるが、宗教虐待防止のために一般的にも有用な内容となっており、行き過ぎた宗教行動や信教の自由の主張などよりも子供を守ることを優先され、虐待を判断する基準が厳しく記載されている。

この考え方は親の信仰の自由を妨害し、国が基本的人権を踏みにじる行為だとする主張も当然あるが、これは基本的人権の危害原理に基づくものでもある。危害原理とは、イギリスの哲学者であるジョン・スチュアート・ミル（英語表記：John Stuart Mill）が自由論の中で提唱している原理のことを指し、社会は他人に危害を与えようとする時にのみ、個人の行動の自由に制限をかけることができると解釈をされている。子供を虐待し危害を加えようとする行為は、社会が規制して子供を守らなくてはならないと日本でも示されているわけである。

宗教虐待Q&Aが通知で出されたが、それだけですべての宗教二世問題や宗教虐待が解決し、無くなったわけではない。宗教虐待Q&A自体を知らない人も多くいる。特に子育ては各家庭で行われており、閉鎖的な面もあり虐待が行われていたとしても把握することの難しさがある。より多くの人が宗教虐待にあたる内容を把握していくことも必要とされる。

日本の宗教規制議論が抑制的な理由

１８９９年に内務省令で「神仏道以外の宗教の宣布者および堂宇説教所講義所の設立、移転、廃止等に関する届け出規定」が定められてから１２５年が経過し、様々な事件が起こるごとに宗教規制の議論も進んできたが、繰り返し同じような霊感商法による被害や強制的な布教行為や寄付行為は未だ無くなっていない。

宗教規制についての議論が最も活性化されたのは１９９５年の宗教法人法改正が行われた年である。この年に宗教規制が進んだ理由、そしてこの年まで宗教規制が進まなかった理由も政治構造に大きく要因がある。

宗教団体と政治家の距離についても近づきやすい構造になっているため、政党単位でも政治家単位でも宗教団体からの意見要望が政治に強く反映されやすいことも要因である。宗教団体が政治家に近づきやすい構造の一つが選挙制度にもある。

現在定められている公職選挙法は様々な点から宗教団体を政治家が頼りやすい構造となっている。旧統一教会問題でも集票組織としての宗教団体が話題になり、選挙運動のボランティアが宗教団体から送られることもある。

実際に旧統一教会の会員は１９９２年２月には毎日新聞で衆議院議員の候補者の手伝いを強制

されたと報道されている。

「宗教活動と称して、訪問販売や衆院議員候補の手伝いを強制された」として、愛知県犬山市や名古屋市、静岡市などの世界基督教統一神霊協会（統一教会、本部・東京都渋谷区）の元信者ら八人が二十七日までに、統一教会や関連組織の「全国大学連合原理研究会」（本部・東京都世田谷区）、衆院選の元自民党候補らを相手取り、未払い賃金などの損害賠償と慰謝料計約五千万円を求める民事調停を静岡簡裁に申し立てている。

（＊1992年2月27日 毎日新聞）

同年の10月22日の朝日新聞では次のような記事も出ている。

世界基督教統一神霊協会（統一教会）の文鮮明教主が入国の際、金丸信前自民党副総裁が法務省に「圧力」をかけた疑いがあるとして国会に証人喚問の要請などをした全国霊感商法対策弁護士連絡会（約300人）は21日、記者会見し、その席で同教会の元信者が「昨年2月の山梨県知事選で金丸氏が推す候補の応援に、信者約200人が動員された」と証言した。

昨年10月まで各地で国会議員や知事などの選挙応援をしたという女性の元信者(28)。この女性は「金丸氏に近づくため、選挙応援しようと、全国から信者が集められた。旅館に寝泊まりし、戸別訪問や電話で投票を依頼した」という。

（＊1992年10月22日 朝日新聞）

旧統一教会に関して事例を挙げたが、選挙ボランティアの派遣は他の宗教団体でも行われていることである。公職選挙法とそれに準じる法令では有償で賄える人員は限定されており、その金額も上限が厳しく低額に設定されている。選挙運動を行うには、無償で協力してくれるボランティアが必要となる。公職選挙法は１９５０年に制定された法律であり、幾度かの改正はされているものの基本的な骨子は変わらないで現代に至っている。

選挙に出馬する候補者がこうしたボランティアを得るには、親戚や旧友、地域の関係者、業界団体、そして宗教団体などいくつか方法があるが、多くの人員を連日出せる宗教団体に頼りやすい環境となっている。そのことを理解している宗教団体は旧統一教会のように選挙候補者に選挙ボランティアなどを送り、政治家とのコネクションを作っているのである。

政党だけでなく、政治家個人ともこうして関係を作っていくことで宗教団体は不利な法改正の抑制や、有利な法改正を推し進めるということがより強力にできるようになっている。実際に１９９５年に行われた宗教法人法改正議論が進む中では政府与党に対して多くの宗教団体が反対意見を持って接触している。日本には政教分離の原則はあるが、宗教団体にも政治活動の自由が認められているので、法律違反というわけではない。これまでも多くの宗教に関する問題が起き、繰り返されているにも関わらず、宗教規制議論が抑制的となる理由の一つである。

政治家や政党が宗教団体から資金提供を受けることも許容されている。１９９５年には現職の法務大臣は宗教法人の立正佼成会から2億円借り受けたことが問題となり辞職した。2009年にも宗教法人の神慈秀明会から6千万円受け取っていたが、政治資金収支報告書に不記載であったことなどから自民党滋賀県連の会長が辞職した。

宗教法人のワールドメイトは自民党だけでなく様々な政党へ献金を行っていた。自民党の資金管理団体である国民政治協会へは21年に3千万円、20年に4千万円の寄付を行ったことが収支報告書に記載されている。宗教団体から政治団体への寄付は合法であり、法律的に問題はない。

巨大な宗教団体は資金力が豊富なため、政治資金の面でも存在感がある。宗教法人は現金を持ちやすい性質もあるため、政治家個人に対して直接現金を渡すなども可能である。もちろん、全ての宗教法人が金満なわけではない。しかし、読売新聞では2023年の1月31日に「和歌山県内で寺を運営する二つの宗教法人が2021年、大阪国税局の税務調査を受け、各法人の代表を務める住職2人が檀家らからのお布施計約1億5千万円を私的に流用していたと」と報じ、5月3日にも「5年間で国税当局が調査した宗教法人のうち5千850法人で確認され、加算税を含む追徴税額は計45億円超に上る。」と報道している。同記事内では宮司や住職など法人代表らによる法人収入の私的流用が発覚する事例も目立つとも指摘されている。2024年には単一の神社が7年間で2億5千万円の所得隠しを行ったことも国税局が追徴課税を命じた事例もある。国税局も宗教法人をみるためには一般の企業とは違う宗教法人税務に対する専門の知識が必要であり、十分な人員を用意できていないという状況もある。

宗教法人は営利目的事業以外のものは基本的に非課税である。宗教活動で得た資金を政治献金とすることも特段の規制は無いのである。宗教法人からの献金も宗教規制議論が抑制的となる理由の一つである。

＊参考文献：
文化庁［2023］『宗教年鑑 令和5年版』
厚生労働省［2022］『「宗教の信仰等に関係する児童虐待等への対応に関するQ＆A」について』
国税庁［2022］『令和4年版宗教法人の税務』
中野毅［2003］『戦後日本の宗教と政治』原書房
井上順考［1992］『新宗教の解読』ちくまライブラリー
藤原究［2021］『公益法人制度改正と宗教法人』『杏林社会科学研究』36（4）、pp.131－14
文部省［1981］『学制百年史』
薬師寺克行［2016］『公明党』中公新書
門松秀樹、久保田哲、後藤新、福沢真一、半田英俊、丹羽文生、吉田龍太郎［2022］『日本政治史入門』
　一藝社
阿部美哉［1990］『政教分離：日本とアメリカにみる宗教の政治性』サイマル出版会
消費者庁［2018］『霊感等による知見を用いた告知』

第2章

日本の政教分離

総合教育出版編集部

政教分離とは何か？

政教分離は、一般的に国家と宗教は互いに干渉しないことを原則とする概念である。大まかな意味では共通認識を持っているが、実は政教分離を導入している国によっても、また人によってもその持つ意味や解釈は異なっている。そのため、度々議論が起こっている。

政教分離は世界中において普遍的な概念ではない。元國學院大学学長で宗教学者の阿部美哉も著書「政教分離：日本とアメリカにみる宗教の政治性」で指摘しているが、イギリスは国教として英国国教会を持っており明らかに政教分離ではない。英国国教会は国王を頂点とする組織であり、国の組織と教会の組織とが一致する組織となっている。スカンジナビア諸国においても宗教上の頭領と国王の一致する組織となっている。タイは憲法により国王を「宗教の保護者」という立場としており、パキスタンは憲法でイスラム教の国であると規定している。

阿部美哉は同書において政教分離の概念について次のようにも指摘している。「政教分離というとき、「政」というのが政治の政なのか、政府の政なのか、あるいは政権の政なのか。少なくとも、これが政治の政であるか、政府の政であるかでは、その実体はずいぶん違ってくるはずである。また「教」についても、これが信教の教なのか、宗教の教なのか、教団の教なのか、いずれであるかによって理解はずいぶん違うわけである。」（＊阿部１９９０、ｐ２）続けて、「アメリカでは政教分離ということをどういう言葉で表現しているかというと、普通、「Separation of Church and State」というのであって、これは教会と国家の分離ということになる。「State」という「政」のほうは、政治であるよりはむしろ政府ないし国家であり、「教」にあたる「Church」のほうは、信教ないし宗教ではなくしてむしろ教団である。日本の政教分離論はしばしば政治と宗教の分離についての議論であり、アメリカの「Church and State」の「Separation」という用語とはかみ合わないことが出てくるのである。」（*阿部 1990、p2-3）と指摘している。

このように、一言で政教分離といっても細かい部分で実は認識が一致していないのである。同書でも参考にされている上智大学の相沢久教授は政教分離の差において、友好的な政教分離と非友好的な政教分離という二種類に区分している。

友好的政教分離とはアメリカのように宗教自体を縛ることのないようにという態度をとった政教分離である。

アメリカの政教分離を示す合衆国憲法修正第一条では次のようにある。

Congress shall make no law respecting an establishment of religion, or prohibiting the free exercise thereof; or abridging the freedom of speech, or of the press; or the right of the people peaceably to assemble, and to petition the Government for a redress of grievances.

（連邦議会は、いかなる宗教の設立に関する法律も、またはその自由な行使を禁止する法律も制定してはならない。また、言論や報道の自由を制限する法律、または人民が平穏に集会し、苦痛の救済を求めて政府に請願する権利を制限する法律も制定してはならない。）とある。日本国憲法や後述するフランス第5共和政憲法の条文とは大きく異なり、宗教の独立性を担保するための政教分離であることがわかる。

非友好的な政教分離とはフランスのようなタイプとしている。政府が近代国家を構立するために宗教の悪しき影響力を排除すべきだという理由で政教分離を推進することを目的とする政教分離である。

フランスの第五共和政憲法第一条には次のように書かれている。

La France est une République indivisible, laïque, démocratique et sociale. Elle assure l'égalité devant la loi de tous les citoyens sans distinction d'origine, de race ou de religion. Elle respecte toutes les croyances.

（フランスは不可分の、世俗的、民主的、社会的共和国である。フランスは、出自、人種、宗教にかかわらず、法の下にすべての国民の平等を保障する。すべての信条を尊重する。）とあり、宗教的差別の排除を意図している。また、フランスの政教分離法の第一条では、

La République assure la liberté de conscience. Elle garantit le libre exercice des cultes sous les seules restrictions édictées ci-après dans l'intérêt de l'ordre public.

（共和国は良心の自由を保障する。また、公序良俗の観点から以下に定める制限を受けることを条件として、宗教的礼拝の自由を保障する。）と書かれており、基本的には良心の自由を保証しているが、二条以下から様々な条件などが記載される内容となる。二条には、

La République ne reconnaît, ne salarie ni ne subventionne aucun culte. En conséquence, à partir du 1er janvier qui suivra la promulgation de la présente loi, seront supprimées des budgets de l'Etat, des départements et des communes, toutes dépenses relatives à l'exercice des cultes.

（共和国はいかなる宗教も承認せず、給与を支払わず、補助金も支給しない。従って、この法律が公布された翌年1月1日より、宗教的礼拝の実施に関するすべての支出は、国、県およびコミューンの予算から廃止される。）などと記述され宗教活動に対して具体的な制限を行っている。

日本における政教分離

〔信教の自由〕
第二十条　信教の自由は、何人に対してもこれを保障する。いかなる宗教団体も、国から特権を受け、又は政治上の権力を行使してはならない。
2　何人も、宗教上の行為、祝典、儀式又は行事に参加することを強制されない。
3　国及びその機関は、宗教教育その他いかなる宗教的活動もしてはならない。

〔公の財産の用途制限〕
第八十九条　公金その他の公の財産は、宗教上の組織若しくは団体の使用、便益若しくは維持のため、又は公の支配に属しない慈善、教育若しくは博愛の事業に対し、これを支出し、又はその利用に供してはならない。

憲法第二十条に政教分離の原則として「信教の自由は、何人に対してもこれを保障する。いかなる宗教団体も、国から特権を受け、又は政治上の権力を行使してはならない。」と書かれ宗教上の式典などや宗教教育に関しても禁じている。第八十九条には「公金その他の公の財産は、宗教上の組織若しくは団体の使用、便益若しくは維持のため、又は公の支配に属しない慈善、教育若しくは博愛の事業に対し、これを支出し、又はその利用に供してはならない。」と書かれている。政教分離はこれらの内容を総称している概念である。戦後の日本においては、戦前には国家神道と政治の結びつきが深かったため、宗教と政治の関係を厳格に分けることが重要な課題とされてきた。

日本における政教分離の政と教は何を指しているかということが重要となるが、政は政府を指し、教は宗教団体を指している。政府の答弁でも度々同様の答弁が行われている。鈴木貴子衆議院議員の創価学会と公明党に関連する質問主意書に対する平成二十六年六月二十四日に出された政府答弁書の中には次のような説明がされている。

憲法の定める政教分離の原則は、先に述べたような趣旨を超えて、宗教団体等が政治的活動をすることをも排除している趣旨ではなく、また、憲法第二十条第一項後段の規定は、宗教団体が国又は地方公共団体から統治的権力の一部を授けられてこれを行使することを禁止している趣旨であって、特定の宗教団体が支援する政党に所属する者が公職に就任して国政を担当するに至ったとしても、当該宗教団体と国政を担当することとなった者とは法律的に別個の存在であり、宗教団体が「政治上の権力」を行使していることにはならないから、同項後段違反の問題は生じないと解してきているところである。

また、小川敏夫参議院議員によって公明党が内閣の構成員になったことが政教分離に違反するのではないかとする質問主意書に対して平成十二年五月十九日時点で政府は以下のように答えている。

宗教団体が国又は地方公共団体からこのような統治的権力の一部を授けられてこれを行使することを禁止している趣旨であって、特定の宗教団体と密接な関係にある政党に所属する者が内閣の構成員になったとしても、当該宗教団体と当該内閣の構成員とは法律的に別個の存在であり、宗教団体が「政治上の権力」を行使していることにはならないから、憲法第二十条第一項後段違反の問題は生じないと解してきているところである。

日本の政教分離においては、宗教団体が政治団体を作れば政治活動を行うこともできれば、宗教団体が政党を作ることもなんら問題はないということだ。

また、政教分離については戦後間もない１９４６年7月16日第90回帝国議会における衆議院帝国憲法改正案委員会において以下のような質疑のやり取りが行われた。

松澤兼人委員：其の次に「いかなる宗教団体も…政治上の権力を行使してはならない。」と書いてあるのでありますが、是は外国によくありますやうに、国教と云ふやうな制度を我が国に於ては認めない、斯う云ふ趣旨の規定でありまして、寺院や或は神社関係者が、特定の政

党に加はり、政治上の権利を行使すると云ふことは差支へがないと了解するのでありますが如何でございますか

金森徳次郎国務大臣：宗教団体其のものが政党に加はると云ふことがあり得るかどうかは遽かに断言出來ませぬけれども、政党として其の関係者が政治上の行動をすると云ふことを禁止する趣旨ではございませぬ

松澤兼人委員：我が国に於きましてはさう云ふ例はございませぬが、例へば「カトリック」党と云ふやうな党ができまして、是が政治上の権力を行使すると云ふやうな場合は此の規定に該当しないと了解して宜しうございますか

金森徳次郎国務大臣：此の権力を行使すると云ふのは、政治上の運動をすることを直接に止めた意味ではないと思ひます、国から授けられて正式な意味に於て政治上の権力を行使してはならぬ、斯う云ふ風に思つて居ります

1946年に行われた帝国憲法改正案委員会とは、戦後の新憲法を議論するための委員会である。金森徳次郎はその憲法担当の国務大臣である。ここで行われた議論でも憲法における政教分離の趣旨について、宗教団体が政党を結成して政治活動を行うことを禁止しないと答えている。

現在の日本国憲法の政教分離の趣旨として、宗教団体が政治活動を行うことは違憲とはならないということである。

2023年7月8日配信の朝日新聞「4宗教法人が政治団体「ある」国政選挙で政党や候補を4法人が支援」記事においても、創価学会以外にも次のように複数の宗教団体が政治団体をもって活動している実態が明らかとなっている。

宗教法人と関連する政治団体が「ある」と答えたのは、世界平和統一家庭連合（旧統一教会）、創価学会、日蓮宗、霊友会の4法人。旧統一教会は「世界平和連合」と「国際勝共連合」、創価学会は「公明党」、日蓮宗は「法華一乗会」、霊友会は「インナートリップ・イデオローグリサーチ・センター」をそれぞれ挙げた。

もちろん、幸福の科学が幸福実現党を持つように、この他の宗教団体でも政治団体をもって活動している宗教団体は存在する。

戦後盛り上がった宗教教育議論から宗教家への期待

新憲法が制定されたあとは議会で度々宗教教育について様々な議論がなされている。当時の議事録を読む限りでは、敗戦後の世の中で道徳や倫理観の欠如が社会問題となっていたようである。

戦後、新憲法が制定され初めて1947年5月20日に第一回国会が召集され開会された。第一回国会の内閣総理大臣は最初の衆議院議員選挙で比較第一党となった日本社会党委員長の片山哲である。7月1日に施政方針演説を行っているなかで次のように、宗教に触れている。

「第一は國民に、憲法に基づく各種の自由を保障するの國家でなければならんと思います。第二は國民に、健康にして、文化的なる生活を保障するの國家であり、第三には國民が暴力と不合理と不正義を排し、道議と人類愛に基づく平和に徹すると共に、正義をどこまでも守るの國家でなければならないと思います。第四に勤労と、科学と、藝術と、宗教を尊重するの國家であり、第五には適正なる教育制度の確立によりまして、次代國民の民主的平和的育成に努める國家でなければならんと思うのであります。」

第一回国会の施政方針演説で言及するほど、宗教を重要視していた姿勢がうかがえる。同国会にはまた日本宗教連盟の理事長である安藤正純が宗教教育を教員養成機關に設置する請願を衆議院と参議院に出している。文部委員会で議論を進める小委員会では全会一致で可決されたと1947年12月3日の参議院本会議で報告されている。しかし、衆議院では当時の森戸辰男文部大臣が「宗教が公立學校の教壇から教えられるということは、新しい教育制度の上から望ましきことでなく、禁ぜられておるものであることを率直に申し上げたいと思います。」と委員会にて反対を述べており宗教教育が実施されることは適わなかったようである。その後も、道徳観を養うことなどを求めて宗教情操教育という言葉が議事録には度々出てくる。

そうした議論がある中、第二回国会で5月31日に行われた衆議院文教委員会で政府の対応に変化が起こっている。同委員会で伊藤恭一議員が以下のように質問を行った。

「國民の宗教心を涵養し、道義の高揚をはかるという請願でありますが。（中略）特に青年國、公安委員その他あらゆる機関を動員いたしまして、現実的に國民の、特に青少年男女の宗教心涵養ということに努力しなければ、ほんとうの平和日本、文化國家というものの建設はむずかしいのであります。そういうような考えからこの請願をいたす次第でありますから、どうぞこの点を御了承いただきたいと思います。」

伊藤恭一議員の質問に対し文部省事務官は政府答弁で次のように答えた。

「道義の高揚、平和國家の建設の立場から、宗教心ないし宗教的情操の涵養の必要であることは申すまでもありません。しかし政府といたしましては一宗一派に偏しました宗教教育を行うことはできませんので、むしろ各宗派並びに宗教家自身の積極的な活動を要望しますとともに、その協力によりまして、國民、特に青少年に対する正しい人世観の確立、あるいはまた和平的な國家再建に対する意欲を高揚することはきわめて必要なことであります。特に社会教育の方面におきましては、現在社会教育委員制度が置かれておりますが、その委員の中にも多くの宗教家の参加を得ておりますし、また公民館等の施設の中におきましても、あるいはまた各種の学校開放の上から、文化講座等に宗教家の御努力が非常に活発になつてまいつておりますので、これらの自発的な宗教家の蹶起によりまして、今後青少年に対する宗教心、あるいはまた宗教的情操の涵養、あるいはまたその普及は、逐次顯著な効果をあげていくことを期待しておるのであります。ただいま文部省におきまして、社会教育研究大会を全國各府縣に実施しておりますが、その研究大会におきまして、特に本年度におきましては、参加せられまして宗教家が、非常に熱心に積極的に社会教育に対しまして関心を寄せられておりますので、今後これらの宗教家の御活動によりまして、青少年に対する宗教教育の普及あるいはまた徹底を期待しておるわけでございます。」

政府としてはこれまで度々宗教教育の必要性を問われると、宗教情操教育が重要であることには理解を示すが、新憲法や教育基本法上公立学校での宗教教育は行えない立場を表明してきた。しかし、この委員会での答弁では「各宗派並びに宗教家自身の積極的な活動を要望します」と明らかに方針が変わっている。この答弁の方向から民間に宗教情操教育を任せていく機運がうまれ、戦後様々な宗教が勃興した契機の一つになったかもしれない。

当時は敗戦後にポツダム宣言受諾に伴い受け入れたポツダム勅令によって宗教法人令を試行していた。基本的に信教の自由と政教分離を取入れるための勅令であったが、１９５０年の参議院文部委員会で相良惟一が宗教法人令の問題に触れ、宗教法人法の設立を訴えている。その議会質疑の中で、だれでも簡易的な届け出で宗教法人を作れる状況となってしまったため多くの問題が宗教法人によって起こされてしまい、社会的に批判され、新しく宗教法人法を求めた。結果として、１９５１年に宗教法人法を試行するに至ったのである。

政教分離違憲判例

現行の憲法において、宗教団体が政治活動を行うことや、政治団体を設立することが政教分離違反に当たらないということがわかった。日本においては過去3例の政教分離違反の判決が行われている。その判例を裁判所ウェブサイトの情報をもとに紹介する。

愛媛県玉串料訴訟（1997年4月2日）：愛媛県が靖国神社に玉串料を公金から支払ったことが憲法の「政教分離原則」に反すると判断された。

裁判要旨：

一　愛媛県が、宗教法人Ｄ神社の挙行した恒例の宗教上の祭祀である例大祭に際し玉串料として九回にわたり各五〇〇〇円（合計四万五〇〇〇円）を、同みたま祭に際し献灯料として四回にわたり各七〇〇〇円又は八〇〇〇円（合計三万一〇〇〇円）を、宗教法人愛媛県護國神社の挙行した恒例の宗教上の祭祀である慰霊大祭に際し供物料として九回にわたり各一万円（合計九万円）を、それぞれ県の公金から支出して奉納したことは、一般人がこれを社会的儀礼にすぎないものと評価しているとは考え難く、その奉納者においてもこれが宗教的意義を有する者であるという意識を持たざるを得ず、これにより県が特定の宗教団体との間にのみ意識的に特別のかかわり合いを持ったことを否定することができないのであり、これが、一般人に対して、県が当該特定の宗教団体を特別に支援しており右宗教団体が他の宗教団体とは異なる特別のものであるとの印象を与え、特定の宗教への関心を呼び起こすものといわざるを得ないなど判示の事情の下においては、憲法二〇条三項、八九条に違反する。

二　愛媛県が憲法二〇条三項八九条に違反して宗教法人D神社等に玉串料等を県の公金から支出して奉納したことにつき、右支出の権限を法令上本来的に有する知事は、委任を受け又は専決することを任された補助職員らが右支出を処理した場合であっても、同神社等に対し、右補助職員らに玉串料等を持参させるなどしてこれを奉納したと認められ、当該支出には憲法に違反するという重大な違法があり、地方公共団体が特定の宗教団体に玉串料等の支出をすることについて、文部省自治省等が、政教分離原則に照らし、慎重な対応を求める趣旨の通達、回答をしてきたなどの事情の下においては、その指揮監督上の義務に違反したものであり、過失があったというのが相当であるが、右補助職員らは、知事の右のような指揮監督の下でこれを行い、右支出が憲法に違反するか否かを極めて容易に判断することができたとまではいえないという事情の下においては、その判断を誤ったものであるが、重大な過失があったということはできない。

三　複数の住民が提起する住民訴訟は、類似必要的共同訴訟と解すべきである。

四　複数の住民が共同訴訟人として提起した住民訴訟において、共同訴訟人の一部の者が上訴すれば、それによって原判決の確定が妨げられ、当該訴訟は全体として上訴審に移審し、上訴審の判決の効力は上訴をしなかった共同訴訟人にも及ぶが、上訴をしなかった共同訴訟人は、上訴人にはならず、上訴をした共同訴訟人のうちの一部の者が上訴を取り下げた場合は、その者は上訴人ではなくなる。

（一につき、補足意見、意見及び反対意見がある。）

（＊裁判所ウェブサイト）

北海道砂川市政教分離訴訟（２０１０年１月20日）：砂川市が二つの神社に無償で土地を提供していたことが政教分離違反と判断された。

裁判要旨：

1　市が連合町内会に対し市有地を無償で建物（地域の集会場等であるが、その内部に祠が設置され、外壁に神社の表示が設けられている。）、鳥居及び地神宮の敷地としての利用に供している行為は、次の（1）、（2）など判示の事情の下では、上記行為がもともとは小学校敷地の拡張に協力した地元住民に報いるという世俗的、公共的な目的から始まったものであるとしても、一般人の目から見て、市が特定の宗教に対して特別の便益を提供し、これを援助していると評価されてもやむを得ないものであって、憲法89条、20条1項後段に違反する。

（1）鳥居、地神宮、神社と表示された建物入口から祠に至る上記各物件は、一体として神道の神社施設に当たるもので、そこで行われている諸行事も、このような施設の性格に沿って宗教的行事として行われている。

（2）上記各物件を管理し、祭事を行っている氏子集団は、祭事に伴う建物使用の対価を連合町内会に支払うほかは、上記各物件の設置に通常必要とされる対価を支払うことなく、その設置に伴う便益を長期間にわたり継続的に享受しており、前記行為は、その直接の効果として、宗教団体である氏子集団が神社を利用した宗教的活動を行うことを容易にするものである。

2　市が連合町内会に対し市有地を無償で神社施設の敷地としての利用に供している行為が憲法の定める政教分離原則に違反し、市長において同施設の撤去及び土地明渡しを請求しないことが違法に財産の管理を怠るものであるとして、市の住民が怠る事実の違法確認を求めている住民訴訟において、上記行為が違憲と判断される場合に、次の(1)～(3)など判示の事情の下では、その違憲性を解消するための他の合理的で現実的な手段が存在するか否かについて審理判断せず、当事者に対し釈明権を行使しないまま、上記怠る事実を違法とした原審の判断には違法がある。

(1)上記神社施設を直ちに撤去させるべきものとすることは、氏子集団の同施設を利用した宗教的活動を著しく困難なものにし、その構成員の信教の自由に重大な不利益を及ぼすものとなる。

(2)神社施設の撤去及び土地明渡請求以外に、例えば土地の譲与、有償譲渡又は適正な対価による貸付け等、上記行為の違憲性を解消するための他の手段があり得ることは、当事者の主張の有無にかかわらず明らかである。

(3)原審は、当事者がほぼ共通する他の住民訴訟の審理を通じて、上記行為の違憲性を解消するための他の手段が存在する可能性があり、市長がこうした手段を講ずる場合があることを職務上知っていた。

（1、2につき補足意見、意見及び反対意見がある。）

（＊裁判所ウェブサイト）

沖縄県那覇孔子廟訴訟（2021年2月24日）：沖縄県那覇市が孔子廟に公有地である公園の敷地を無償提供していたことが政教分離違反と判断された。

裁判要旨：
市長が市の管理する都市公園内の国公有地上に孔子等を祀った施設を所有する一般社団法人に対して上記施設の敷地の使用料の全額を免除した行為は、次の(1)〜(5)など判示の事情の下では、上記施設の観光資源等としての意義や歴史的価値を考慮しても、一般人の目から見て、市が上記法人の上記施設における活動に係る特定の宗教に対して特別の便益を提供し、これを援助していると評価されてもやむを得ないものであって、憲法20条3項に違反する。

(1)上記施設は、上記都市公園の他の部分から仕切られた区域内に一体として設置され、上記施設の本殿と位置付けられている建物は、その内部の正面には孔子の像及び神位（神霊を据える所）が配置され、家族繁栄、学業成就、試験合格等を祈願する多くの人々による参拝を受けているほか、上記建物の香炉灰が封入された「学業成就（祈願）カード」が上記施設で販売されていたこともあった。

(2)上記施設で行われる儀式は、孔子の霊の存在を前提として、これを崇め奉るという宗教的意義を有するものであり、上記施設の建物等は、上記儀式を実施するという目的に従って配置されたものである。

(3)市が策定した上記都市公園周辺の土地利用計画案においては、同計画案の策定業務に係る委員会等で孔子等を祀る廟の宗教性を問題視する意見があったこと等を踏まえて、前記(1)の建物を建設する予定の敷地につき上記法人の所有する土地との換地をするなどして、同建物を私有地内に配置することが考えられる旨の整理がされていた。

(4)上記法人に対する上記施設の設置許可に係る占用面積は１３３５㎡であり、免除の対象となる敷地の使用料に相当する額は年間で５７６万７千２００円であり、また、上記設置許可の期間は3年であるが、公園の管理上支障がない限り更新が予定されている。

(5)上記法人は、上記施設の公開や前記(2)の儀式の挙行を定款上の目的又は事業として掲げている。

（反対意見がある。）

（＊裁判所ウェブサイト）

上記三例が日本国内で出た政教分離違反の判例である。政治家と宗教団体の関係においての事件は1例も無く、3例とも自治体が宗教に対して便宜供与した内容となっている。あくまでも公的機関と宗教団体の関係性において、日本の政教分離が機能していることがわかる。

では、政治家と宗教団体において違法行為がないのかというと、そういうわけではない。例えば自民党衆議院議員の岩永峯一が神慈秀明会から計6千万円の寄付を受けていたが政治資金収支報告書に記載していなかった事件である（＊四国新聞社）。

この事件の記事では政治資金収支報告書に記載していなかったと書かれており、報道機関が岩永峯一と神慈秀明会についての取材をしていなければ判明しなかった。2009年2月13日の朝日新聞によれば、神慈秀明会は6千万円を二回に分けて献金したと主張していたが、岩永峯一は受け取っていないと強く否定した。岩永峯一と教団の関係はこれだけではなく、岩永の長男が関連団体の事務局職員であったことや、秀明会が建設する美術館をニューヨークの著名な建築家まで設計を岩永が依頼をしに行ったこともあった。同記事内にある秀明会関係者の発言によれば、岩永が１９９６年に衆院選に初めて立候補した際に信者間で岩永支持が広まっていたということもあったようだ。

最終的に岩永は神慈秀明会から借入をしたと釈明したが、神慈秀明会はあくまで岩永が代表を務める政党支部に献金を行い、領収書も受け取ったと説明が最後まで食い違った。結果として、岩永はその当時役職にあった自民党滋賀県連会長を辞職し、また他の問題もあり次期衆院選の不出馬を表明した。当時は何らの罪に問われることもなかったが、寄付があったことを隠していたとすれば政治資金規正法違反である。このこと自体は、日本では政教分離違反には当たらない。

アメリカには１９５４年に提出された「Johnson Amendment」という修正条項がある。この修正条項によって、非課税措置を受けている宗教法人などが政治に対して接触する行為は禁止されている。日本では宗教団体の政治活動や選挙活動に関する特別な規制はない。アメリカの場合は宗教団体に限らず、非課税団体が意図的に政治に関わっていると判断されれば非課税措置を受けられない団体とされる。もちろん政治献金や政治家にお金を貸すことも、当選を目的としない落選運動に関してはもちろん、政策等に影響を与えるロビー活動も同様の扱いとなる。

日本の政教分離の在り方を改めて考えていくべきではないかと考える。

＊参考文献

日本国憲法

アメリカ合衆国憲法

フランス第五共和政憲法
阿部美哉［1990］『政教分離：日本とアメリカにみる宗教の政治性』サイマル出版会
愛媛県玉串料訴訟：最高裁平成9年4月2日判決
https://www.courts.go.jp/app/hanrei_jp/detail2?id=54777
北海道砂川市政教分離訴訟：最高裁平成22年1月20日判決
https://www.courts.go.jp/app/hanrei_jp/detail2?id=38347
沖縄県那覇孔子廟訴訟：最高裁平成31年4月18日判決
https://www.courts.go.jp/app/hanrei_jp/detail2?id=90039
四国新聞社［2009］『岩永元農相が県連会長を辞任／献金不記載問題か、自民滋賀』
https://www.shikoku-np.co.jp/national/political/20090303000251
26 U. S. Code § 501

第3章

エホバの証人

エホバの証人とは、唯一神エホバを掲げるキリスト教系新宗教である。アメリカ発祥でニューヨーク州のウォーウィックに本部を置いている。日本支部は神奈川県海老名市に置かれている。機関紙として「ものみの塔」と「目ざめよ！」を発行しており、エホバの証人の教義に合わせて翻訳されている新世界訳聖書を重視し布教を行っている。駅前などで機関紙を配布する活動を行っており、その様子を目にしたこともあるのではないだろうか。

教団名となったエホバ神をこれまでのキリスト教は隠してきたと主張し、エホバという神の名前を使用する唯一の正しいキリスト教であると主張している。輸血の禁止、運動会などへの不参加、二世信者をムチ打ちで教育することなどでも知られている。

エホバの証人公式サイトで世界全体の会員数は２０２４年12月時点で８８１万６千５６２人と掲載。日本でも戦前から布教されており、２０１４年時点では国内で21万人に会員がいるとされる（＊山桜２０２３）。聖書の教えに沿い、政治的関与は禁止され投票することも禁止されており、政治的関与はない。

開祖はペンシルバニア州のチャールズ・T・ラッセル

１８５２年にラッセルはペンシルバニア州アレゲーニー（現ピッツバーグ）に生まれた。ラッセルは１８４０年代に予言ブームにあったアメリカで沸いたキリストが再来するという再臨待望論に影響を受け、1874年にキリストが天に再臨しており、キリストが天で王権を執行しているとする説を唱えた。1879年に自身の聖書解釈を「シオンものみの塔およびキリストの臨在の告知者」として創刊。1881年に「シオンものみの塔(The Watchtower)冊子協会」を設立。1884年にペンシルバニア州で法人各を取得した。ものみの塔とは見張り塔のことで、危機を知らせる役割を示している。1891年からラッセルは海外伝導を始め、1914年にはキリスト教の終末論の一形態である地上の千年王国が完成すると予言をしていたが、もちろん起こらなかった。千年王国は世界最後の戦いであるハルマゲドンが起こり、キリストが地上に再臨し、サタンと地獄へ行くべき人間を滅ぼした後に建国される楽園である。1916年にラッセルは生涯を遂げたが、二代目会長に活動は引き継がれる。

ラッセルの死後、二代目会長にはジョセフ・F・ラザフォードが就任し、新たな予言を出し、世界の終わりについての修正を始めた。また、ラザフォードが会長の1931年に「エホバの証人」と名称を改めている。ラッセルが千年王国の完成を予言した1914年について、第一次世界大戦の始まった年であることを口実に、キリストが天で統治を開始しサタンが天から追放され地上に落とされた年と予言を修正し、ハルマゲドンは1940年代から1950年までに起こされると世界崩壊の時期を延期した。二代目会長ラザフォードの時代に入会したのが、日本で最初にエホバの証人の本格的な布教活動を行った明石順三である(*山口 2022)。

日本で布教を始めた明石順三、その破門

明石順三は１９０８年19歳で渡米し、アメリカのサンフランシスコで日米新聞社に就職。現地で結婚した妻が１９２１年にエホバの証人の訪問布教を受け入信。その妻の勧めで明石も入信した。１９２６年に明石は妻と子供を残し、日本での布教のため帰国することとなる。この時の妻とはその後離別する。日本での活動で明石は60名程度の会員を得て、１９２７年東京に灯台社として事務所を構えた。社名の由来は、１９３１年以前のエホバの証人を指す名称であるワッチタワーに由来する。

１９２５年に治安維持法が制定され、１９３５年に第二次大本事件がおこると、１９３６年に治安維持法の取り締まりが宗教結社にも広がった。第二次世界大戦がはじまった１９３９年に日本軍に所属していたエホバの証人の会員が銃器の返納などを申し出し、軍法会議をかけられ不敬罪等で懲役刑となる。同年6月に１３０名程度の会員が治安維持法で検挙され、そのうち明石と明石が日本で再婚した妻を含む52名が起訴され投獄された。

１９４５年8月に第二次世界大戦が終戦し、10月に明石は釈放された。明石が出獄した時点で2代目会長のラザフォードは亡くなっており、三代目会長のネイサン・H・ノアに代わっていた。１９４７年にようやくエホバの証人世界本部と連絡がつき刊行物を読むことができたが、その内

容に対し明石は不満を感じ、ノアに批判的な書状を送った。結果、明石はエホバの証人から破門された。その後、機関紙ものみの塔で明石は背教者、偽善者として批判され続けている。

1949年に改めて、アメリカから日本にエホバの証人の宣教師が派遣される。明石が率いた灯台社時代の会員は不道徳であるとされ排除されるか、排除されずに残された者も集会等での発言は控えさせられた。その後、日本国内での布教活動が進み、現在あるエホバの証人は戦後アメリカからやってきた宣教師によって広げられたものである（*山口 2022）。

エホバの証人内で語られる終末論

初代会長のラッセルが1914年に地上の千年王国が完成すると予言し外れると、二代目会長のラザフォードが、1940年代から1950年にかけてハルマゲドンが起き、エホバの証人だけが生き残る地上の楽園ができると予言をしていた。1942年にラザフォードが亡くなり、三代目会長にノアが就任すると、この予言が起きる年を延期しハルマゲドンが1975年に起きる説などだしたが、再延期し1990年代からは特に予言の年を定めないこととなった。

ハルマゲドンが延期されたという内容は一九九五年十一月一日号の「ものみの塔」誌に掲載された。エホバの証人2世信者であった坂根真実の手記「解毒 エホバの証人の洗脳から脱出したある女性の手記」によると延期されたもののハルマゲドンについては未だにエホバの証人会員の信仰の中心にある。

エホバの証人にとって「ハルマゲドン」の教義は、極めて重要な教義である。ハルマゲドンによって世界人口の七十億人の大半は滅び、その滅びを生き残った数百万人のエホバの証人が「地上の楽園」を作る。「地上の楽園」が到来するまでの間、エホバの証人は「人生の中でやりたいこと」を我慢して生活する。勉学に専念すること、憧れの職業に就くことなどの夢は、楽園が来てから叶えられる。それまでは、人生に不満があってもひたすら耐える。楽園では、亡くなった家族や友人が生き返るので、亡くなった人たちに会えるという希望もある。

「ハルマゲドン」と「地上の楽園」の教義はセットになっており、エホバの証人の教義の根幹にもなっている。この教義が揺らぐと、エホバの証人として「世捨て人」の生活をする意味がなくなってしまう。エホバの証人の信者は、「ハルマゲドン」と「地上の楽園」に人生をかけているのだ。この麻薬のような教義に人生をかけ、「世捨て人」になったがために精神を病み、生活が破綻した人も少なくない。

（＊坂本 2016、p16）

生きている間に起こるだろうハルマゲドンから救われるためにエホバの証人として「世捨て人」となっているのである。二世信者であれば子供の頃から「組織や親の命令に従わないとハルマゲドンで滅ぼされる」ともいわれるようである（＊坂本 2016）。

世間からの隔離

終末論を信じ、自分達だけは救われると考えているエホバの証人では、会員以外を「世の人」と呼び、普段の交流を避ける傾向にある。世の人に如何にエホバの証人を布教し救うかが会員にとっての重要な使命となっている。

エホバの証人は熱心な布教活動をすることが有名で地域家庭へ訪問布教を毎日のように行っている。会員には「正規開拓者」と「補助開拓者」と呼ばれる実質的な階級が存在し、費やしている布教訪問の時間が評価とされ、一定の基準より多ければ「正規開拓者」、一定の基準以下ならば「補助開拓者」と区分される。模範的な信者となるために会員は熱心に布教活動に励み、子育てよりも布教活動に熱心に取り組んでしまう保護者も多い。エホバの証人は祝祭日のお祝い事を禁止しており、二世信者の子供たちは地域のお祭りや行事にも参加できない。会員以外の子供と遊ぶことも禁じられることが多く、クリスマスや正月も祝うことを禁止されている。保護者もエホバの証人以外と接点がないのであれば自然と世間から隔離されていく。

エホバの証人では会員が大学に入ることも否定的であり、一部の教団中枢には高学歴者もいるが、大多数の親世代の信者には子どもに高等教育を受けさせないように、高校卒業後の進路として大学進学を考えてはいけない。大学にはサタンの罠がたくさんあると圧力をかけ、二世信者に知識をつけさせないようにしている（＊坂本２０１６）。

輸血拒否や児童虐待

エホバの証人で広く知られているもう一つの特徴が輸血拒否である。輸血拒否で有名な事件が1995年6月に起こった大ちゃん事件である。当時10歳だった男児、大ちゃんがダンプカーと接触し両足骨折となり輸血が必要な状況となった。しかし、エホバの証人の会員であった保護者らは男児への輸血を拒否し、輸血拒否の決意書まで提出した。医師の呼びかけには男児は最後まで反応せず、エホバの証人の教えを伝える父親の呼びかけにのみ反応し、医師は最後まで輸血の説得ができなかった。輸血の可否が関係したかはわからないが、結果として10歳の男児は亡くなってしまった。

エホバの証人会員への輸血に関しては1997年に判決が出た裁判でもニュースとなった。1992年に行われた手術においてエホバの証人の会員であった患者が明確に輸血拒否をしたにも関わらず、手術を行った際に輸血した医師らに対し東京高裁は不法行為責任を認め、医師らは精神的苦痛に基づく損害賠償責任を負うと判断されている（＊最判平12／2／29）。患者が輸血拒否を前提とするエホバの証人信者である場合、医師は輸血が必要な事案について判断や説明に悩むようになった。

エホバの証人は聖書を独自の視点で解釈しており、極端な考えのもとで禁止事項を多く設けています。例えば有名な所では献血をしてはならないというものがあります。聖書に神が血を避けなさいと告げてる為ということで、身近な例でいえばステーキを食べる際はレアではなくしっかり火を通して食べなければならない、などです。

（＊山桜 2022、p7）

エホバの証人が輸血を禁止するのは血を避けるためであり、教えを守らなければ、ハルマゲドンで生き残ることができないからである。会員の親は子供にも厳しくエホバの証人の教えに基づいて躾を行う。聖書の教えに従って躾のためであれば子供に対してムチ打ちも行う。

私が〇歳から七歳まで通っていた新宿区の王国会館には、会館の前の道路にレンガでできた花壇があり、その花壇は、子どもたちの間では「嘆きの壁」と呼ばれていた。親たちはその花壇に片足を乗せ、子どもたちを足の上にうつ伏せにして横たわらせ、子どもたちのお尻をムチで叩いていた。

（＊坂本 2016、p43）

子供にムチを打つ行為は身体的虐待に当たる。信教の自由で許される問題ではない。厚生労働省子ども家庭局が出した「宗教の信仰等に関係する児童虐待等への対応に関するQ&A」（＊宗教虐待Q&A）でも明確に身体的虐待にあたるとされている。エホバの証人は団体として、厚生労働省子ども家庭局が出した宗教虐待Q&A公表後に教団へのヘイトクライムが増加しているとして抗議を行っている（＊松岡 2024）。

児童の進学先を制限することや、躾のためにムチで打つこと、会員以外の子供と遊ぶことを制限することなど、どれも児童虐待にあたる。会員を確保するために、子供たちにこうした虐待が行われ続けているとすれば、深刻な問題である。

＊参考文献：
山桜［2023］『エホバの証人の闇：カルト二世 宗教二世』
山口瑞穂［2022］『近現代日本とエホバの証人』法蔵館
坂本真美［2016］『解毒 エホバの証人の洗脳から脱出したある女性の手記』角川書店
最高裁平成12年2月29日判決
https://www.courts.go.jp/app/hanrei_jp/detail2?id=52218
厚生労働省［2022］『宗教の信仰等に関係する児童虐待等への対応に関するQ&A』について
https://www.mhlw.go.jp/content/001032125.pdf
松岡紳顕［2024］『【独自】エホバの証人　宗教虐待禁じる「Q&A」を批判／文書700ページ以上で国を「牽制」か』FNNプライムオンライン

https://www.fnn.jp/articles/-/769481（２０２４年12月27日閲覧）
エホバの証人公式サイト　https://www.jw.org/ja/

第4章

詳細解説

田畑淳

エホバの証人問題について　田畑淳弁護士インタビュー

田畑弁護士がこれまで取り組んできている「エホバの証人」問題についてお聞きします。取り組みのきっかけについて教えてください

私は「エホバの証人」問題支援弁護団の一員です。この弁護団が結成された一つのきっかけは２０２２年12月27日に厚生労働省が「宗教等の信仰に関する事案についても児童虐待に該当する行為がある」旨を明確化し、具体例を挙げたガイドライン（令和４年12月27日付子発１２２７第１号厚生労働省子ども家庭局長通知、以下「宗教虐待Q&A」といいます。）として公表したことです。

宗教虐待Q&Aは、エホバの証人の問題について切り込む内容も相当含んでいたのですが実際にQ&Aが発出された後も、変わらず虐待が続いているのではないかという疑いがありました。その実態を調査・発表することが弁護団の最初の目標になりました。

日本の中でそれほどエホバの証人は多いのですか?

日本にはキリスト教全体でおよそ200万人の信徒がいますが、世界には25億人のキリスト教徒がいます。例えばその中のカトリックに着目すると、世界では13億人のカトリック信者がいる中で、日本のカトリック信者は40万人程度です。日本ではエホバの証人の信徒はカトリックの半分に該当する21万人とされています。世界レベルで見るとカトリックの信徒数が13億人でエホバの証人が880万人、教団としての規模はカトリックの100分の1以下ですが、日本国内の信徒数については2:1という数字であり、存在感の大きさが分かりやすいかと思います。

エホバの証人は1920年代に1度日本において伝道を開始し、雑誌の出版などもしていますが、治安維持法のために活動停止を余儀なくされています。その後、1949年に再上陸し、そこから現在に繋がる布教が始まっています。

エホバの証人の教義の特徴はどんなものでしょうか

上記のような経緯の宗教団体であるので、エホバの証人の協議には伝統キリスト教と異なる部分が多数存在します。まずエホバの証人の教義の特徴のうち重要な3点を挙げます。

第一は終末思想です。エホバの証人では、ごく近い将来、ハルマゲドンが起きると信じられています。ハルマゲドンにあたって信者以外は神に滅ぼされて死に、エホバの証人だけがハルマゲドンを生き残って永遠の命を得るとされています。

第二は、聖書を文字そのままで解釈し、現代社会に聖書の文言を直接適用するという「原理主義」です。しかし、我々が生きている現代社会に聖書を文字通り持ち込めば当然多数の支障が生じます。エホバの証人が社会との間で具体的に問題となっている例としては輸血の拒否や、ムチを用いた体罰が挙げられますが、これらは原理主義による聖書解釈の帰結と言えると考えます。

第三に、信者は「エホバの証人教団」、つまり組織が神との間の絶対の経路であると信じていることです。教団の示す聖書解釈に忠実に従うことが、神を喜ばせ、逆に教団に従わないと、ハルマゲドンで死ぬと考えます。この考えは親から子に伝えられ、子どもは恐怖で縛られます。

二世信者は、幼少期から、親と共に「会衆」という地域ごとの信者グループに参加し、教義に従うことを求められ、教義に反すると、ムチによる体罰を受けます。

その教義は、エホバの証人以外と親しく交友しない、一般家庭や学校で行われる多くの行事（誕生日やクリスマスを祝わない、校歌を歌わない等）に参加しない、信仰を見ず知らずの人に伝道し、時には友人や教師の前での信仰告白を強く推奨されるなど、多様です。信者である親は、輸血拒否を神が求めていると信じていますから、子どもにも輸血を拒否させます。

これらの原動力が終末思想と原理主義、そして教団組織への忠誠です。信者の方々は「ハルマゲドン」で我が子を死なせないために、善意で教義に忠実であるように指導し、その教義は、結局「教団組織の教え」になります。

現実的にはどんな問題があるのでしょうか

弁護団が取り扱う問題は多岐にわたりますが、以下の3つの問題は特に重要です。

第一が「輸血拒否」の問題です。

判断力のある成年が、自身の信仰に基づいて自由意志で輸血しない判断は尊重されるべきです。しかし、親が信者であるために輸血してもらえない子どもは救われるべきです。

既に子どもに関しては、ガイドライン上で輸血しないことがネグレクトであると明言されており、親権停止の措置により輸血する方法があります（充分周知されているとは言えませんが）。しかし、現在は最短の手続きでも実際の輸血迄3〜4時間かかることが多く、交通事故など緊急を要する事態に対応できません。私たちは、この状況を改善する必要があると考えます。

第二が「ムチ」の問題です。

「ムチ」とは端的にはエホバの証人が望まない行動をとった子の尻を叩くことです。しかし、この表現では理解が難しい苛烈かつ異常な暴力であり、頻繁、かつ10年程度の長期に渡るものです。

具体的には教団がよしとしない行為（集会で寝そうになった、宣教で笑顔がなかった、一般社会の子供と遊んだ）ことが、例え些細なことでも理由となり、親が子に対して「ムチをする」と宣言します。子は自分でお尻を出して、積極的に打たれなければなりませんし、叩かれたあとは親に感謝の言葉を述べさせられます。

ムチは手に始まり、靴ベラ、さらに工業用ガスホース、とより攻撃力が強く、残酷な道具を使った体罰にエスカレートしています。

叩かれた子どもの臀部にはミミズ腫れが走り、苦痛のあまり気絶する子もいる苛烈な体罰です。しかし、この問題は密室で行われ、被害の実態が摑み切れていません。弁護団としては、この点に光を当てたいと考えます。

第三が「忌避」の問題です

忌避とは、一度エホバの証人信者になったら、正式な破門・脱退をすると、それまで兄弟・姉妹と呼び合っていた人たちと一切話ができなくなる。挨拶もしてはならないというエホバの証人のきまりです。エホバの証人は、一般社会とのつながりを避け、信者のコミュニティの中で生活しています。つまり、忌避によってそこから追い出されると、友人や頼れる人がいないのです。

さらに深刻なのが家族の問題です。12～3歳で信者となり、家族がみなエホバの証人の場合、大人になってエホバの証人を脱退しようとしたとき、それは家族を捨てることと同義になるのです。

この「忌避」があるために、エホバの証人を辞められず、思ったことを発言できない人が大勢いるのが現状です。

実際の日本社会で問題になった事案があるのでしょうか

エホバの証人は上記述べてきたような問題から、いくつかの問題で話題になっています。最も社会との価値観の違いが明確になっているのは、生死にかかわる輸血の問題でしょう。

輸血について、まず社会的な耳目をあつめたのは1985年の事件です。川崎市で自転車に乗っていた10歳の児童がダンプカーに接触し重傷を負いました。救急搬送先の病院では手術が予定されたが、エホバの証人の信者である両親が輸血を拒否した。病院側は両親に対し説得を続けたが、他の信者もかけつける中、両親の意向は変わらず、児童が約5時間後に出血多量で死亡したという内容です。亡くなった児童の年齢に加え「死にたくない、生きたい」と児童が発言したという報道などもあり、社会的には輸血拒否について大きな話題になりました。

判決の射程について疑問の余地があるものの現在にも影響を及ぼしているのは、最高裁まで争われたエホバの証人輸血拒否事件です。東京大学医科学研究所附属病院において1992年に発生した、宗教上の理由で輸血を拒否していたエホバの証人の信者が、手術の際に無断で輸血を行われた医師や病院に対して損害賠償を求めた事件です。

本件で問題になった患者は昭和4年1月生まれで、昭和38年からずっとエホバの証人として生活してきたエホバの証人信者でした。また病院も「医療機関連絡委員会」（エホバの証人の信者に対して無輸血での治療を行う医師を探し、その後エホバの証人が適切な医療を受けられるように医療環境を整えることを目的とする、エホバの証人信者で構成されるグループ）のメンバーからの紹介で東京大学医科学研究所附属病院を紹介した。病院側は、輸血に反対する患者の意思表示を明確に確認していながら、患者には伝えず輸血を行った、という事例です。

最高裁は、「患者が、輸血を受けることは自己の宗教上の信念に反するとして、輸血を伴う医療行為を拒否するとの明確な意思を有している場合、このような意思決定をする権利は、人格権の一内容として尊重されなければならない」としたうえで、輸血に当たって説明を怠ったことについて患者が「意思決定をする権利を奪ったものといわざるを得ず、この点において同人の人格権を侵害した」として賠償を認めました。

他に法廷で争われた権利としては剣道実技拒否事件が有名です。

この事件において原告は、エホバの証人の絶対平和主義の教義に基づいて公立学校の剣道の実技に参加することを拒否し、剣道の実技に参加しませんでした。学校長は代替措置をとらないとし、結果的に原告の体育の単位を認定せず、原告に対して原級留置処分（留年）を行いました。これが2年続き、退学処分をされるに至りました。そこで、原告は各処分が信教の自由を侵害するものとして、処分取消しを求める訴えを提起したものです。

最高裁は、学校側による一連の措置は裁量権の逸脱であり違憲違法なものであったと認定し原告の主張を認めました。「他の学校では同様な格闘技の授業を拒否する学生に対し代替措置が行われている」とし、『高等専門学校において剣道実技の履修が必須のものとまではいい難く、他の体育科目による代替的方法によってこれを行うことも性質上可能である』としています。

これまでの章でも宗教団体の教義等から発生する児童虐待について話題がありましたが、我々は二世を支援する弁護団をやっています。その中でエホバの証人の教義を否定したり、信仰内容そのものの成否や整合性を判断することはしていません。

ただ、二世信者の人が信じない自由。要は、血縁関係とか家族関係を人質に取られて信じたくないものを信じさせられているとか、あるいは関係の中で虐待を受けているというところから二世の人たちを救いたい。その人の人生が社会から分断され孤立してしまうことを避けたいというところが目標です。

弁護団の役割とは

弁護団の役割として第一にあげられることは、教団内部の人に対しても、教団外部の人に対しても、現状についての正確な情報を提供することです。具体的には多数の信者・元信者の皆様に対する調査を行い、2023年11月20日にこれを公表しました。調査結果発表の記者会見は、折から世論の注目を集めていた二世信者の問題に関するものとして多数のメディアの取り上げるところとなりましたので、ご記憶にある方もいらっしゃるかもしれません。

2023年11月22日には、当時の岸田文雄総理大臣が児童虐待について「宗教の信仰といった背景があったとしても、決して許されるものではない」と発言しています。

例えばメディアが新宗教を捉える場合、何かおどろおどろしく宗教団体を映したり、教義の奇妙さをクローズアップして「普通ではない」イメージをアピールすることが多いのが実情です。しかし、そのような偏った報道が続くと、逆に二世の人たちが社会の中で浮いてしまう、あるいは孤立して、余計に社会との繋がりが断たれてしまう可能性があるのです。

私たちとしては、二世信者が偏見にさらされるべきではないことを伝え、二世信者の人たちが教団の外に救いを求めることができ、社会での居場所が失われない状況、教団内に縛りつけられず、信仰を強制されないことを目標にしています。

調査と公表についてのお話がありましたが、どのような調査が行われ、どのような結果が公表されたのでしょうか

厚生労働省・こども家庭庁が２０２２年12月にいわゆる「宗教虐待Q&A」を発出して以降、エホバの証人内部で「宗教虐待Q&A」に該当するような行為が行われていることについて個人の体験として報道されることはありました。但し、これらの報道はそれぞれの家庭の問題として扱われることが多く、虐待行為の実態が十分に把握されていない、と弁護団は考えていたことが調査の発端です。

宗教の信仰を理由とする虐待を防止するには、まずは実態が十分に把握される必要があるという考えに基づき、弁護団は「宗教虐待Q&A」に沿った形でエホバの証人の実態調査を行うこととしました。

調査は２０２３年5月から6月にかけて行われ弁護団が作成した１９４の質問から構成されるアンケートへの回答を求める方法で調査がなされました。

結果的に私達弁護団にとっても予想を超える５８１名の方からの回答が得られました。集まった回答は、統計的にエホバの証人二世等の全体を代表するものとは言えません。しかし、５８１

という回答の数、多くの方が報告されている類型的な虐待経験が読み取れること、また、虐待が数十年という期間に渡って行われていることなどから、「継続性」と「組織性」の2点が認められると弁護団は考えました。

「継続性」と「組織性」とはどんなものでしょうか

第一に「継続性」については、思い付きで、その場の感情で一時的に虐待が行われるのではなく、連綿と、数十年に渡って同じような内容の虐待が行われている、という傾向から読み取れるものです。

第二の「組織性」については弁護団として慎重を期すために教団資料なども調査しましたが、全国各地で、長期間に渡って、同じような経験が報告されることと、教団資料で提示される教理が合致し、また、教団資料以外での教理運用も見られたことから、「組織性」があると判断するものです。

弁護団が見る限りは「宗教虐待Q&A」発出後、調査までの間に大きな変化は認められていません。継続性も組織性も過去の問題ではなく現在の問題であると言えます。

調査の中で判明した具体的な虐待の状況はどんなものだったのでしょうか

いくつか具体的な例を挙げるとすると、例えば「鞭をされたことがありますか」という質問に対しては回答者の92％、５１４人が鞭を経験したと回答しています。鞭の問題は「宗教虐待Ｑ＆Ａ」の中で身体的虐待に該当するとされていますし、刑事罰にも該当しうる深刻な問題ですが、実に90％以上がこれを経験していることになります。

「保護者の方や周囲の信者が「より痛みの強い鞭」や「その作り方・やり方」について話をしているのを聞いたことがありますか？」という質問に対して、65％、３３６人が「より痛みの強い鞭」に関しての情報交換が信者同士で行われていたと回答していることからも深刻さを想像して頂けると思います。

また、「輸血拒否カードまたは身元証明書を持っていたことがありますか？身元証明書や輸血拒否カードをご存知でない方は、「いいえ」をお選びください」という質問については、回答者の81％、４５１人が輸血拒否カード等を所持していたと回答しています。

「宗教虐待Ｑ＆Ａ」の中でも「医師が必要と判断する医療行為（手術、投薬、輸血等）を受けさせないこと（輸血を拒否する旨の意思表示カード等を携帯することを強制することを含む。）」はネグレクトに該当する」とされているところ、実に回答者の81％がこの規範に抵触する経験をしていることになります。

調査報告全体についてここでご説明さしあげることは難しいのですが、弁護団による調査報告については報告書として取りまとめられたものが弁護団ウェブサイトにアップロードされています（２０２５年1月2日現在）ので、そちらをご覧ください。

https://jw-issue-support.jp/#

弁護団は例えば教団などに対する訴訟を進めていますか

今のところ弁護団としての訴訟は教団に対するものであれ、それ以外であれ、本書執筆時点では1件も受任しておりません。また提訴の具体的な予定もありません。

例えば具体的に深刻な虐待が確認され、被害者が賠償を請求するような事態が発生した場合に、弁護団が訴訟に関わることは十分考えられます。しかし、虐待は密室で行われ、かつ現在進行形でないことも多いため、証拠その他の面で難しい問題を抱えていることも少なくありません。不十分な事実確認と証拠を元に中途半端な裁判を起こして敗訴が確定することは、虐待されている人たちにとっての逆風になりかねません。

世間に正しい情報がなく、二世信者の外との繋がりが弱いこと自体が今は問題なので、第一にそうした情報の繋がりを構築したいと考えています。そして虐待が行われない体制の構築に寄与したい。例えば本当に死に瀕した時に現場の医療従事者が迷わず輸血できる体制を整えたい。そうしたことは裁判で求められないので、広報、発表や政府・関係各所へのロビー活動といった活動を進めていく必要があると思っております。

ロビー活動、その他の広報の内容について教えてください

これは多岐にわたる内容で一言での説明が難しいですが、例えば「宗教虐待Q＆A」の中で、保護者による輸血の拒否がネグレクトに該当するという内容が出ています。とはいえ現場の医療従事者が具体的にどのような手順でこれに対応すべきかが示されている訳ではありません。最高裁において、輸血拒否の意思を有している患者に対して輸血をした医師が賠償責任を負った判例も知られている中、現場では、事実上輸血をためらうケースもなお想像されます。そうした現場に対して、弁護団は関係各所と適切な意思決定の過程と基準について協議し、医療従事者の皆様が迷わず輸血に踏みきれるような仕組みが作られることを目指しています。

そうした活動以外には２０２４年7月５日には、バルセロナで行われたICSA（International Cultic Studies Association）Annual Conference 2024において、当弁護団メンバーが日本におけるエホバの証人に関する問題と、宗教虐待Q＆A、弁護団の調査についての発表を行いました。

また２０２４年12月1日には日本子ども虐待防止学会、第30回学術集会かがわ大会においても、当弁護団メンバーが信仰等を理由とした児童虐待について支援者としての対応に関する発表を行っています。

二世問題がエホバの証人で起こり始めて話題になったのはいつ頃からですか？

全国的に二世問題が話題になったのは、２０２２年の安倍元首相銃撃事件というきっかけが大きいことは確かです。ただ、それ以前から二世の問題はありましたし、問題自体の発生はかなり遡ることができると考えます。例えば1950年代から伝導が本格的に始まり、その当時20代の人が入信したケースを考える場合、第一世代の信者は1930年代生まれということになります。そうすると、その人たちが子供を持ち、第一世代の子供が育った後1980年代、1990年代になったころには存在していたのではないでしょうか。

1985年にはエホバの証人信者の親による教義からの輸血拒否で10歳の児童が亡くなる、いわゆる大ちゃん事件が起きています。これも二世問題の表面化した事例の一つでしょう。

世界的にみて、宗教による児童虐待にあたるようなケースは国内との差はどうようなものがあるのでしょうか？

例えばエホバの証人についてみると輸血できなくて救えたはずの命が亡くなっている問題自体は当然世界中に存在します。各国でどのような問題が争われているかについては、上述した忌避の問題に加え、名誉棄損についても争われています。

またアメリカのキャンディ・コンティ事件などをみると、性的虐待がフォーカスされているケースが見られます。オーストラリアでは、王立委員会が5年かけて調査を実施した結果発覚した児童性的虐待の問題について、スコット・モリソン首相が謝罪するといったこともありました。2024年3月4日にはノルウェー政府がエホバの証人の宗教法人登録を抹消したとの判決が出ています。子どもの「信仰しない権利」の侵害であることから、忌避行為などを問題としています。

法律問題として考えた際、いかに信仰の中で行われても、また、その国における信教の自由がどのような内容のものでも、児童の性的虐待が許される余地はないため、係争になった場合明確な判断が出る点に特徴があります。日本にも性的虐待の問題を訴える声はありますが、海外のような裁判としての動きは今のところ目立ちません。逆に、ムチの問題など暴行・傷害の局面はむしろ日本での被害の方がクローズアップされているようですが、これは被害者が被害を訴えられるようになった時点では暴行・傷害から時間が経ってしまっていること、密室で行われており証拠が残っていないことなどの問題を抱えています。

二世の方は信仰そのものを争っているのではないでしょうか

もちろん二世の方々の中には、信仰そのものに疑問を持っている方もいらっしゃるでしょう。ただし、それが弁護団の活動とどう関わるかというのは難しい問題です。

日本の宗教問題は過去の事例を見る限り、家庭における児童虐待とか、度を越した寄付の要求、霊感商法などの消費者問題をきっかけに法律問題化しています。宗教の教義そのものは裁判所の判断の埒外であり、また信教の自由があるため、信仰そのものを否定する法律構成というのは考えにくいです。

例えば後で述べる宗教虐待Q&Aも、「児童への虐待行為は、信仰があったとしても正当化されない」という、当然のことを具体化した内容であり、信教の自由自体に踏み込む内容ではないと言えます。

そうすると弁護団が教義・信仰を直接に争うことはないのですか

弁護団は二世信者を支援しています。その目的を果たすため、エホバの証人の教義を否定したり、信仰内容そのものの成否や整合性を判断することはしていません。私たちは、調査の中で多くの現役の信者の方々や、元信者の方々、特に信者の方が過酷な体罰を経験し、理不尽な生活を強要されてきた状況を目の当たりにしました。

私たちは信者や元信者の方、その関係者に寄り添うことを目的としています。教団との対立は避けませんが、協議そのものを否定して信者の方を敵視することはありません。

信教の自由についてはどう考えていらっしゃいますか

根本的な問題として、「信じない自由」の問題が重要です。弁護団としては、心から教義を信仰する信者の方々の宗教活動に制約を加えたいとはそもそも考えません。信教の自由は憲法で保障されています。他方で、特定の宗教を信仰しないこと、信仰を辞めることもまた同じく憲法が保障しています。憲法は「何人も、宗教行為、祝典、儀式又は行事に参加することを強制されない」と明記しており、宗教を信じないこともまた表裏一体の人権なのです。

さきほどご説明した通り、エホバの証人には信仰を辞めると、親兄弟でもある信者の家族との人間関係を絶たれる「忌避」の問題があります。家族と絶縁しないため、信仰を辞めたいのに辞められないようなことがあってはなりません。

特に二世信者の人が信じない自由。要は、血縁関係とか家族関係を人質に取られて信じたくないものを信じさせられているとか、あるいは関係の中で虐待を受けているというところから二世の人たちを救いたい。その人の人生が社会から分断され孤立している状態への助けになりたいというところが目標でもあります。

弁護団の今後について最後にお願いします

弁護団としては、エホバの証人についての正確な情報を収集し、これを適切な形で公表することを中心とした活動を進めていく予定です。

当弁護団の発足からは2年ほどですが、私たちはこれまで長い期間エホバの証人に関わってきた皆様、一例を挙げれば子どもに対する輸血拒否の問題について、親権停止で命を救う体制を築き上げられた、医療関係者、児童相談所、裁判所、行政機関などの努力に深い敬意と感謝を表明します。

私たちも、こうした皆様の後に続き、一人でも多くのエホバの証人信者、元信者の方が不合理な束縛や制約から解放され、少しでも心の痛みをいやすことができるよう今後とも努力していく所存です。

宗教虐待Q＆Aについて　田畑淳弁護士インタビュー

先のインタビューでも話題に出ましたが宗教虐待Q＆Aについて教えていただけますか？

２０２２年12月27日に厚生労働省は「宗教等の信仰に関する事案についても児童虐待に該当する行為がある」旨を明確化し、具体例を挙げたガイドライン（令和４年12月27日付子発１２２７第１号厚生労働省子ども家庭局長通知、以下「宗教虐待Q＆A」といいます。）を公表しました。

（＊１７８ページに「宗教虐待Q＆A」掲載）

宗教虐待Q＆Aとはどんなものでしょうか

宗教虐待Q＆Aというのは通称で、正式名称は「宗教の信仰等に関係する児童虐待等への対応に関するQ＆A」です。令和４年12月27日付けで厚生労働省子ども家庭局長から全国の各自治体に出された公文書です。主に児童虐待に該当するものとして想定される事例を明示しており、宗教の信仰等を背景とする児童虐待事案についても信仰や教義に遠慮することなく対応してほしいとする内容となっています。全７項目から成り立っており、基本的な考え方や身体や心理的なものから性的な虐待などの事例をQ&A形式にして示しています。

宗教虐待Q&Aの基本的な考え方について教えてください

宗教虐待Q&Aは、
①宗教の信仰等に関連してどんなものが児童虐待に当たりうるかという事例を挙げています。
つぎに
②児童虐待対応や自立支援等に当たって留意すべき事項
さらに
③関連する支援等に関してQ&Aの形で国の考え方が示されています。

「宗教虐待Q&A」の基本的な考え方とはどんなものでしょうか

基本的な考え方としては、1つ目は、虐待に当たって信仰等を理由にそれを正当化しないという考え方です。詳細については後述します。2つ目は虐待該当性にあたっての総合的な判断です。児童虐待への該当性を判断するに当たっては、Q&Aで示す例示を機械的に当てはめるのではなく、児童や保護者の状況、生活環境等に照らし、総合的に判断する必要がある。また、その際には児童の側に立って判断すべき。とするものです。

このQ&Aによって、今まで虐待とされないことが虐待とされるようになったのですか？

本Q&Aについては、さまざまな具体的な事例が想定されたうえで虐待に当たるとされていることから、踏み込んだ内容であるとする指摘もあります。詳細は後述しますが、私は本Q&Aが特段新しい基準を作り上げたとは考えていません。事例として挙がっている内容は、いずれも本Q&A発出前から虐待と定義されてきたものであり、今まで虐待とされないことが虐待とされるようになったような事実は認められないと考えます。

虐待の定義自体は変わらないのだとすると、本Q&Aの発出にはどうした意味があるのでしょうか

先に述べた基本的な考え方にもあるとおり、あくまで「児童虐待の定義に該当する行為は、宗教を理由として正当化されない」点を示すことが本Q&Aの趣旨であると考えます。典型的な宗教2世に対する虐待行為を事例として挙げることで、これらが正当化される余地が無いことを改めて明らかにすることが本旨であると考えています。

そうした考え方は本Q&Aにはどのように表れているでしょうか

この点については、本Q&Aの構造からご説明します。

本Q&Aは①ないし⑤に分かれており、①基本的な考え方②身体的虐待③心理的虐待④ネグレクト⑤性的虐待としたうえで、それ以下を児童虐待対応や自立支援に当たっての留意事項としています。②ないし⑤は具体的な虐待について述べた内容であり、本Q&Aの基本的な考え方については、①部分に述べられています。

まず上記の本質について述べているのは「問1の1児童虐待に当たるか否かという点において、宗教関係であることをもって、その他の事案と取扱いが異なることとなる部分はあるのか。」という質問に対する回答のうち「保護者が児童虐待防止法第2条各号に規定する児童虐待の定義に該当するものを行った場合には、他の理由による虐待事案と同様、児童の安全を確保するため、一時保護等の措置を含めた対応を講ずる必要がある」という部分です。

引用部分は、本Q&Aがあくまで従来の児童虐待の定義を前提としており、虐待概念を広げるものではないこと、そして本来虐待であるものが信仰や教義を理由として虐待の対象外としないことを確認する内容であることを示しています。

児童への虐待というと親権者によるものが思い浮かびますが、親以外の者、例えば宗教団体の指

導者、関係者が、例えば保護者による児童に対する暴力を唆すなど、虐待に関わっている場合については触れられているでしょうか

その点は「問１－２宗教団体の構成員、信者等の関係者等の第三者から指示されたり、唆されたりするなどして、保護者が児童虐待に該当する行為を行った場合はどのように対応すべきか。」という質問に対する回答のなかでは「これらの犯罪を指示したり、唆したりする行為については、これらの罪の共同正犯（刑法60条）、教唆犯（61条）、幇助犯（62条）が成立し得る」としたうえで、躊躇なく警察に告発を相談するべきとされています。

いずれも、当然のことを規定しているようにも見えます

確かに駄目なものは駄目だよと改めて明示しているような印象があります。教義や教団、宗教関係者からに対する虐待行為を期待されて困惑している保護者、あるいは虐待を行わないで済ませる理由を探している保護者にとっての助け舟にもなりうると考えます。

次に具体的な虐待について伺います。虐待にはどういった種類があるのでしょうか

②身体的虐待、③心理的虐待、④ネグレクト、⑤性的虐待といった分野に分類しています。

②身体的虐待について本Q&Aはどんな点を指摘しているでしょうか

問2には具体的な身体虐待の事例について記載されています。いずれも暴行・傷害行為についてです。

問2の1は「宗教活動等へ参加することについて体罰により強制するような」事例について、問2－2は「宗教的行事に参加している中で、まじめに話を聞いていなかった、居眠りをしていたなどの理由により、保護者が児童を平手で叩く、鞭で打つ」といった行為について記載されていますが、宗教的行事への参加が理由であれ、行事の中での行為が理由であれ、体罰＝暴力は許されない、またその暴力をチラつかせることで児童を宗教儀式に参加させることもまた許されないという当然のことを確認している規定と考えます。

問2の3は「長時間にわたり五体投地等の特定の動きや姿勢を強要する等して身動きできない状態にする行為や、深夜まで宗教活動等への参加を強制するような行為」に触れており、これも信仰や教義上の理由があれ身動きできない状態にする行為とか、深夜まで宗教活動等への参加を強制するような行為などは虐待にあたるということを明記しています。

すべての暴力が虐待に該当するのでしょうか

例えば仏教において「喝を入れる」ため警策を肩に打ち付けるような行為なども確かに存在します。そう考えると、信仰や教義が関係している以上、少し別の基準で考えるべきようにも思われるかもしれません。しかし、先の例もあくまで成人が自分から求めて受ける修行の一環に過ぎません。また暴力概念については、時代と共に変容する部分があり、一定の暴力を「しつけ」として容認していた人の多い時代があったことも確かです。ただ、少なくとも現代の価値観において教育目的の暴行は観念できません。

児童虐待の防止等に関する法律2条1項が「児童の身体に外傷が生じ、又は生じるおそれのある暴行を加えること」を児童虐待として定義していることからも、端的にすべての暴行は虐待であると考えるべきです。

③心理的虐待について本Q&Aはどんな点を指摘しているでしょうか

問3では心理的虐待について書かれています。問2で問題になったような身体的な暴力ではなく、暴言や脅しで従わせる内容です。直接的な暴力と異なり、刑法など明確な基準がなく、具体的に示されたことの意義は大きいと考えます。

問3の1は「〜をしなければ／すれば地獄に落ちる」、「滅ぼされる」などと児童を脅迫する行為は虐待にあたると示しています。多くの宗教に存在する「地獄」という概念自体、そもそも信徒を脅して教義を守らせるため作られたと思しき部分がありますが、そうした恐怖によって児童の意思決定を曲げさせることについて本Q&Aは許容しないことを明らかにしています。

典型的な内容は、宗教儀式に参加しない場合、信仰上のルールを守らない場合、あなたはハルマゲドン、これは新約聖書「ヨハネの黙示録」16章に記述される、世界の最終日に起こる善と悪の最終決戦ですが、そのハルマゲドンで滅ぼされて、天国に生まれ変わることができなくなるんだよと、親兄弟は全員天国で幸せに暮らすのに、あなたはちゃんと活動を行わなかったから、教義を守らなかったから、ハルマゲドンで滅ぼされて1人だけ家族と一緒になれないんだと、そのように脅されたりします。

進路についてのケースだと、遠くない未来、ハルマゲドンで現在の世界は滅びるので、大学に進学して学歴を手にすることは無駄だ。逆に、進学して高い学歴を得ようなどという考えは、そもそも信仰が欠けているからでてくるのではないか、ハルマゲドンなんてどうせ来ないと考えているからこそ、信仰より勉強を優先するのではないかという非難に転じます。脅したり非難することで宗教儀式への参加から進路に至るまで、児童の意思をコントロールしようとするわけです。

進路ではなく、人間関係をコントロールしようとする内容が問3の2です。ここでは信者ではない人について、あれを敵だとかサタンだとレッテルを貼り、友達付き合いや結婚することを一律に制限しているような行為を虐待としています。エホバの証人では非信者を「世の人」と表現して信者と明確に区別しています。この「世の人」は、正しい信仰を持っていなかったためハルマゲドンが来ると滅ぼされ、新しい世界に存在することができない哀れな人たちを指す意味の言葉です。

問3の3は人間関係ではなく、童話やアニメ、漫画、ゲームといったコンテンツを禁止・制限するケースです。例えばある作品を児童にとってよろしくないと禁止することは宗教と関係なく家庭によっては必ずしも珍しいことではないかもしれません。その意味で、本項目には程度問題といえる側面もありそうです。そこで本Q&Aは「宗教等を理由に一律に禁止すること」という条件を付したうえで児童虐待にあたるとしています。

問3の4は信仰告白の問題についてです。ここで問題になるのは児童が望んでいないのに「他者に対して信仰する宗教等を明らかにすることを強制する行為」です。例えば親の信じている宗教について、自分も信じていることを学校の友人や教師の前で話さねばならないとなると、それだけで友人との距離が開いてしまい、時に奇異な目で見られ、孤立を招くことは容易に想像できます。

親に逆らうことはできないので、一緒に宗教には付き合っているけれど、友達や先生には隠したいという児童は大勢いるでしょう。それを「自分自身の信仰」として自分の口から告白させることは虐待にあたるとしているのが本項目です。

問3の5は布教活動にて繰り返し児童を参加させる行為についてです。ここでは「問3－1及び問3－2にあるような行為等を通じて」という条件を付したうえで、宗教の布教活動等を強いるような行為についても心理的虐待に該当するとしています。ここでは、強要罪に該当する条件を満たす場合や、労働者として扱うべき場合についても触れています。

④ネグレクトについて本Q＆Aはどんな点を指摘しているでしょうか

ネグレクトとはセルフケアのできない弱者、ここでは児童の世話をする責任がある保護者が責務を怠たることによって加害者となる行為を指します。育児放棄、あるいは監護放棄とも呼ばれる行為です。本項目は宗教虐待に関する網羅的な内容となっており、例えばエホバの証人について有名な輸血禁止については問4の5に登場します。それぞれの項目を見てみましょう。

問4の1は反社会的な宗教に児童を入信させるような行為を想定しており、これがネグレクトであることは論を俟たないと思われます。

問4の2の内容は宗教活動を通じた寄付や寄進のための使いこみにより生活に支障が生じることになった場合、これは統一教会の問題などを想定しているでしょうか。適切な住環境、衣類、食事等が提供されていない場合について記載されています。義務教育である小・中学校への就学、登校、進学を困難とさせる場合や、児童の望む高校への就学・進学を認めないことも「児童の自立を損ねその心情を傷つける」点でネグレクトや心理的虐待にあたるとしています。

児童が家に放置されていて、ご飯も食べてないみたいな子がいたら、親はもう保護者として機能していないということであり、児童相談所などが介入することになります。回答の後半部分では親権者が親権の停止を受けている場合等や親権者等の法定代理人がない場合に、児童が費用負担をすることなく献金等に対して取消権を行使することができる旨が説明されています。

問4の3のように信仰を理由として大学に行かせないことも虐待にあたります。例えばエホバの証人では、具体的な年数が信者の中で示唆されている状態で、近いうちにハルマゲドンが来るので、そうなってしまえば学歴を得て良い仕事に就いて金銭を稼ぐことなど意味がなくなる。もし信仰があるなら、ハルマゲドンまでに1人でも多くの人が天国に行けるよう布教を続けるのが当然だという考え方になります。

実際にはハルマゲドンが来ると言われていた年は、その年を過ぎる都度変遷しているようであり、現代では相当説得力を失っているようにも見えます。こうした信仰のもと、大学なんかに進学するとハルマゲドンの時に助からないよと児童を脅し、進学をあきらめさせることは虐待にあたるという点については、③で述べた通りです。信仰を理由に大学に進学することを認めないだけでなく、学費を稼ぐためのアルバイトを認めないことなども含まれており、いわゆる兵糧攻めで意思をコントロールしようとする行為に対して目配りをしています。このような経済面も「児童の自立を損ねる」点に関わる問題だと考えます。

問4の4では、児童がアルバイトで得た収入を児童の意に沿わず宗教への献金として使ってしまうことも虐待にあたると明記されています。現代の一般家庭においても子の得た金銭が親のギャンブルに使われてしまったりといった問題は存在しますが。虐待は宗教に関するものであれ、そうでなかれ、いずれも児童の人格の私物化から始まっている側面があります。

児童自身の人格を認めていたら、児童の自立を考えていればこうはならないはずで、根っこして人格の尊重を欠く点は同じなのです。具体的に考えるならば、そのお金こそ、児童が宗教に没頭する親の支配から逃れるための逃走資金、自立のための資金であることも多いと思われ、金銭面で自立する道を絶たせないことは非常に重要だと考えます。

問4の5は輸血等の治療についてです。ここでは緊急対応や児童相談所長による親権停止中立まで具体的に記述されています。輸血の局面で親権停止が問題となるのは何故かというと、緊急治療において輸血を行う際、親権者が輸血禁止を教義とする宗教信仰を持つ場合は、児童の生命がかかっていても承諾が得られない場合があるためです。

例え生命を救うためであれ、同意のないまま輸血を強行すると、最高裁まで争われた不同意輸血の問題が発生しうる。そこで、児童への輸血のために、2012年民法改正で導入された親権停止の制度が利用されます。手続きの流れとしては児童相談所などを通じて裁判所に連絡を進め、手続きを経て親権停止し、そうすると同意は問題にならず輸血できるという順番です。現在、実務上数時間かけて親権停止を行う方法がとられていますが、交通事故の場合など、その時間も待つことが難しい場合どうするのかといった点は今後の問題として残っています。

問4の6は学校行事に関してです。これも神戸高専剣道実技拒否事件などで知られるエホバの証人が想起されます。こうした内容も教育の機会を奪うとして心理的虐待又はネグレクトになるケースがあるということです。ただし教育の現場では、戦争を想起させると宗教面で指摘されることがある騎馬戦について、例えば帽子取りゲーム、とすることで解決を図るなどの工夫もなされているようです。

問4の7は宗教活動に参加しすぎた場合に起こるネグレクトについてです。この項目はお金の問題ではなく、物理的に児童を放置してしまう場合が児童虐待にあたるという点の確認です。逆に児童をすべての宗教活動に強制的に帯同させることは問2の3のように身体的虐待にあたるとなる。保護者としてはしかるべき責任をもって養育に臨むべきであり、宗教活動をすべてに優先した結果ネグレクトになることは許されない、という当然の内容であると考えます。

問4の8は問4の3と同様に、宗教の教義等を理由に進路を強制することなども児童虐待にあたるとする内容です。大学に行ってはならないとか、特定の進路を回避、あるいは強制するような場合はやはり宗教虐待となります。

問4の9は室内での宗教団体による暴行や言動が行われているにもかかわらず、保護者が放置した場合もネグレクトになるとしています。行為者が保護者そのものではなくても、それを知りながら放置する不作為を許さない内容です。

問4の10は一転して、妊娠中絶の話になります。親権者が同意しないとネグレクトになる場合として①は性暴力があった場合を想定しており、②は身体的又は経済的に母胎の健康を著しく害するおそれがある場合についてですが、この①②は人工妊娠中絶の要件に関する母体保護法の規定を引き直したものです。従って本質問も確認的な内容であると言えるでしょう。人工中絶は例えばアメリカではきわめて重要な論点ですが、これは対岸の火事ではないと個人的に考えています。日本においても多様な宗教の移民が流入することも含め、日本の法律が考える倫理観や基準が宗教と激しくぶつかりあう可能性があります。国としての基準を示しておくことは必要でしょう。

⑤性的虐待について本Q&Aはどんな点を指摘しているでしょうか

問5は性的虐待を扱っています。児童に対して年齢に見合わない性的な表現を含んだ資料を見せることや、児童本人の性に関する経験等を話すよう強要する行為は、宗教的行為としての側面があってもなお性的虐待にあたるという点を確認しています。また施設等でそうしたことが行われていることを知りながら保護者が放置した不作為はネグレクトに該当するとも書かれています。

海外では信教の自由が重視される中、性的虐待の発覚が端緒となって法廷で争われるケースがあります。被害児童が言いだせない、密室性が高く、証拠収集に困難をきたすケースが多いことも予想されますが、被害者を出さないための具体的な努力が求められます。

児童虐待対応や自立支援に当たっての留意事項とはなんでしょうか

問6以下は、実際に虐待を受けていた児童に対応する場合、どんな点に注意すべきかという側面についてのQ&Aになっています。

例えば問6の1は、宗教等に関する虐待を受けている児童は、教義の影響を強く受けている場合、自らの状況を問題として認識し訴えることが難しい場合がある。そのため、客観的なアセスメントと説明、指導を行うことが必要であるが、対応に当たっては児童の安全の確保を最優先とし、必要な場合には躊躇なく一時保護等の対応を取ることが必要だとしています。信者である親権者との対立や隠蔽が予想されることを前提としたQ&Aだと考えられます。

問6の2も、やはり児童の安全を最優先で確保するため一時保護などを検討して下さいという内容です。

問6の3は未成年でなく、18歳以上の者から親の就業等の信仰を解決する課題に関して相談がされた場合についてです。19歳以上であることのみをもって消極的な対応はしないことが必要だという観点に立ち、具体的な紹介先や窓口を挙げています。

18歳という年齢については成年年齢の変更との関係で若干成立の必要があるかもしれません。例えば児童福祉法で定める「児童」は18歳未満ですが、これまでの児童福祉法では、児童以外の満20歳に満たない者も保護の対象にしていました。同法では、保護の対象に「成年」を含むかたちに修正、18歳以上20歳未満はそのまま保護されるように制度が維持されています。他方、児童虐待防止法では、18歳以上20歳未満の者の親権者が当人に行う虐待を規制していましたが、児童の上限年齢と成年年齢が一致することで意味をなさなくなるため、保護の延長とみなす特例規定は削除されています。

とはいえ、成年でも実際には自立できず虐待されている例はあります。特に経済的に親に依存した状態だと抜けるに抜けられないような場合がありますので、そうした人たちが虐待から逃げられない状態になることを防ごうとする国の姿勢を明らかにしたものと考えます。

問6の4は一件一件が軽微でも、積み重なっている場合、全体として虐待になる場合があるため、児童の置かれている状況全体を見るべきことについて触れています。

問6の5は具体的な支援の窓口について網羅しています。

問7の1は養子の場合にもこれまでの内容について実子と変わりないことを確認する質問、問7の2は里親やファミリーホームに委託されていたり、児童養護施設等に措置されている児童についてもかわらず虐待から守られる必要があることを確認しています。

以上がざっと本Q&Aを俯瞰した内容です。

宗教虐待Q&Aの公表にはどんな影響があったのでしょうか

本Q&Aは相当具体的に踏み込んだ内容であったこともあり、多方面への反響がありました。一例として、私が所属しているエホバの証人問題支援弁護団の観点から申し上げると、弁護団結成のきっかけ自体が本Q&A公表です。

本Q&Aの公表を皮切りに多数のエホバの証人元信者や現役の信者（多くはエホバの証人2世等）たちが、過去に受けた過酷な虐待、及び、現在も続く深刻な生活上の支障について声を上げ始めました。そして、このようなエホバの証人2世等の悲痛かつ切実な叫びについて、弁護団のもとには、マスメディアや議員の方々、そしてエホバの証人とは関わりのない多くの一般の方からも強い驚きの声と、当事者の指摘する教団内部で児童子どもたちに対してなされた虐待がこれまで社会に知られていなかったもの・社会の注目を全く受けていなかったものであるとの意見が多数寄せられるようになりました。

そうした点で本Q&Aの発出は非常に大きな影響を果たしていると考えます。信教の自由という権利だけが独り歩きする中、その陰に隠れた虐待に光を当てるQ&Aの発出に踏み切って下さった関係者の皆様には、弁護団メンバーとして深く感謝しております。

宗教虐待Q&Aについて、今後何か問題になる点はあるのでしょうか

まず、すべての虐待が本Q&Aでカバーされているかという問題があります。今度新しい類型が追加される可能性はあるでしょう。また逆に、宗教サイドからの反論もありうると考えます。そうした意味で、まだ本Q&Aは最終的な形になっていないのかもしれません。

また、本Q&Aで虐待と宣言されている状況が実際に確認された場合、具体的にどのような流れで児童を救うか、という方法論についてはこれから現場の関係者と行政が協力して作り上げていく必要があります。弁護団メンバーとしても微力ながらお手伝いしたいと考えております。

＊出典：令和4年12月27日付子発1227第1号厚生労働省子ども家庭局長通知

宗教の信仰等に関係する児童虐待等への対応に関するＱ＆Ａ

【児童虐待の定義、児童虐待事例について】

（①基本的な考え方）

問１－１　児童虐待に当たるか否かという点において、宗教関係であることをもって、その他の事案と取扱いが異なることとなる部分はあるのか。

（答）

背景に宗教等（霊感その他の合理的に実証することが困難な方法により個人の不安をあおるものを含む。）の信仰があったとしても、保護者が児童虐待防止法第２条各号に規定する児童虐待の定義に該当するものを行った場合には、他の理由による虐待事案と同様、児童の安全を確保するため、一時保護等の措置を含めた対応を講ずる必要がある。

児童相談所や市町村においては、児童の権利条約第１４条において、児童の思想、良心及び信教の自由について児童の権利を尊重すべきことが定められていることや、児童の場合には必ずしも自由意思の下で宗教等を信仰しているとは限らないこと等も踏まえ、宗教等の信仰に関する事案についても、児童虐待に該当する行為が疑われる場合には迅速に対応することが求められる。

なお、以下問２―１から問５－２までにおいて、宗教の信仰等を背景として生じる可能性のある児童虐待事案を例示している。児童虐待防止法第２条各号に定める児童虐待への該当性を判断するに当たっては、これらの例示を機械的に当てはめるのではなく、児童の状況、保護者の状況、生活環境等に照らし、総合的に判断する必要がある。また、その際には児童の側に立って判断すべきである。

問１－２　宗教団体の構成員、信者等の関係者等の第三者から指示されたり、唆されたりするなどして、保護者が児童虐待に該当する行為を行った場合はどのように対応すべきか。

（答）

児童虐待行為は、暴行罪、傷害罪、強制わいせつ罪、強制性交等罪、保護責任者遺棄罪等に当たり得るものであり、また、これらの犯罪を指示したり、唆したりする行為については、これらの罪の共同正犯（刑法６０条）、教唆犯（６１条）、幇助犯（６２条）が成立し得る。

このため、こうした事例への対応に際しては警察と迅速に情報共有を図るなどして適切な連携を図ることが必要である。

児童相談所においては、児童の最善の利益を考慮し、児童虐待行為について告発が必要な場合には、躊躇なく警察に告発を相談するべきである。

（②身体的虐待）

問２－１　宗教活動等へ参加することについて体罰により強制するような事例については、児童虐待に当たるか。

（答）

宗教活動等への参加を強制することも含め、理由の如何にかかわらず、児童の身体に外傷が生じ、又は生じるおそれのある体罰を行うことは身体的虐待に該当する。

問２－２　教義に関する講義などの宗教的行事に参加している中で、まじめに話を聞いていなかった、居眠りをしていたなどの理由により、保護者が児童を平手で叩く、鞭で打つといったことは、児童虐待に当たるか。

（答）

理由の如何にかかわらず、児童を叩く、鞭で打つなど暴行を加えることは身体的虐待に該当する。

問２－３　礼拝、教義に関する講義などの宗教活動等へ参加させ長時間にわたり五体投地等の特定の動きや姿勢を強要する等して身動きできない状態にする行為や、深夜まで宗教活動等への参加を強制するような行為は児童虐待に当たるか。

（答）

長時間にわたり特定の動きや姿勢を強要する等して身動きができない状態にする行為は身体的虐待に該当する。

また、児童の就学や日常生活に支障が出る可能性がある時間帯まで宗教活動等への参加を強制するような行為は、児童の発育や児童に対する養育の観点から不適切なものとしてネグレクトに該当する。

その他、問３－１（答）に記載する行為については心理的虐待に該当するものである。

（③心理的虐待）

問３－１　宗教活動や布教活動への参加強制や人生選択の強制、激しい言葉での叱責や霊感的な言葉を用いての脅し等により幼少期からの継続的な恐怖の刷り込み等は児童虐待に当たるか。また、児童を宗教活動等に参加させることを目的として、あるいは、児童が参加に消極的であるといったことを原因・きっかけとして、無視する行為、常に拒絶的・差別的な態度をとることについてはどうか。

（答）

「～をしなければ/すれば地獄に落ちる」、「滅ぼされる」などの言葉や恐怖をあおる映像・資料を用いて児童を脅すこと、恐怖の刷り込みを行うこと、児童を無視する・嫌がらせをする等拒否的な態度を継続的に示すことで、宗教活動等への参加を強制することや進路や就労先等に関する児童本人の自由な決定を阻害すること（保護者の同意が必要な書類への署名や緊急連絡先の記入の拒否等を含む。）は、いずれも心理的虐待又はネグレクトに該当する。

問３－２　児童に対し、特定の宗教を信仰しない者との交友や結婚を一律に制限するような行為（誕生日会等の一般的な行事への参加を一律に制限する行為を含む。）は児童虐待に当たるか。また、日常生活上常時、そうした者を批判する言動を児童に対して繰り返す行為はどうか。

（答）

児童に対し、その年齢や発達の程度からみて、社会通念上一般的であると認められる交友を一律に制限し、児童の社会性を損なうような場合には、ネグレクトに該当する。また、交友や結婚を制限するための手段として、問３－１（答）に記載する脅迫や拒否的な態度を継続的に示すことや、児童の友人や教師など児童と交友関係を持つ者を「敵」、「サタン」その他これらに類する名を称すること等により、児童に対して強い恐怖心を与えることは心理的虐待に該当する。

問３－３　宗教の教義等を理由とし、児童に対し、童話やアニメ、漫画、ゲームといった娯楽を一切禁止することは児童虐待に当たるか。宗教団体等が認めたもののみに限定するといった行為はどうか。

（答）

児童の監護教育に資するため娯楽等を禁止する行為については直ちに児童虐待に当たるものではないが、社会通念に照らして児童の年齢相応だと認められる娯楽等について、宗教等を理由に一律に禁止することは心理的虐待に該当する。また、宗教団体等が認めたもののみに限定する行為についても、それが教育上の配慮等に基づく合理的な制限と認められるものでなければ、宗教の信仰等を理由とするものであっても、児童の自由意思を損ねる行為として心理的虐待に該当する。

問３－４　児童に対し、他者の前で宗教等を信仰している旨を宣言することを強制するような行為は、児童虐待に当たるか。

（答）

児童本人が宗教を信仰していないにもかかわらず信仰している旨を宣言することを強制する行為や、児童本人が自身の信仰する宗教等を他者に知られたくない意思を有していることを考慮することなく、他者に対して信仰する宗教等を明らかにすることを強制する行為（特定の宗教を信仰していることが客観的に明らかとなる装飾品等を身につけることを強制する行為を含む。）は、児童の心情を著しく傷つけるものであり心理的虐待に該当する。

問３－５　宗教団体等が、又は宗教団体等による指示を受けた児童の保護者が、宗教の布教活動について繰り返し児童を参加させる行為は児童虐待及び児童労働に当たるか。

（答）

問３－１及び問３－２にあるような行為等を通じて児童に対して宗教の布教活動等を強いるような行為についても心理的虐待に該当する。

その上で、宗教の布教活動に参加させるために、脅迫又は暴行を用いた場合には、刑法の強要罪に該当する可能性もあるため、こうした事例への対応に際しては警察と迅速に情報共有を図る等の連携した対応が必要である。

なお、宗教上の奉仕あるいは修行であるという信念に基づいて一般の労働者と同様の勤務（受付事務等）に服し報酬を受けている者については、具体的な勤務条件を踏まえて個々の事例について実情に即して判断することとされていることから、こうした者は労働者に該当し得ることに留意する必要がある。

児童相談所においては、上記の点にも留意し、これらの事態が生じている疑いのある事案については、警察や労働基準監督署と連携して対応する必要がある。

（④ネグレクト）

問４－１　個別の法令に違反する等社会的相当性を著しく逸脱する行動を教義とし、そうした行動を信者に対して実質的に強制する宗教等に児童を入信（実態として信者として扱われている場合を含む。）させるような行為は、児童虐待に当たるか。

（答）

問３－１（答）に記載のとおり、児童に対して宗教等行為を強制することは心理的虐待に該当するほか、児童に対して社会的相当性を著しく逸脱する行動をとるよう直接又は第三者を介して唆す者があることを認識しながら、そうした宗教に入信させる行為を含め、行動を防止する行動を保護者がとらないことについてはネグレクトに該当する。

なお、宗教の信仰等に関する事案においては、保護者が認識していない場合も想定されることから、そうした場合においては、問６－１（答）に記載の内容に留意しつつ、指導等を行うとともに、必要な場合には一時保護を含めて対応を検討すべきである。

問４－２　宗教等の信仰活動等を通じた金銭の使い込み（寄附、寄進等の呼称の如何を問わない。）により家庭生活に大きな支障が生じ、養育環境の観点から適切な住環境、衣類、食事等が提供されていない場合や、児童の小学・中学・高校・大学への登校や進学等の教育機会の提供に支障が生じているような場合については、児童虐待に当たるか。

（答）

宗教等の信仰活動等を通じた金銭の使い込みの結果家庭生活に支障が生じる場合も含め、児童に対し、養育環境の観点から適切な住環境、衣類、食事等を提供しない行為はネグレクトに該当する。

同様の行為により、義務教育である小学校・中学校への就学、登校、進学を困難とさせることもネグレクトに該当する。

高等学校への就学・進学に関しても、児童本人が就学・進学を希望しており、合理的な理由なく信仰する宗教等の教義を理由として就学・進学を認めない行為は、児童の自立を損ねその心情を傷つける行為としてネグレクト又は心理的虐待に該当する。

大学への就学・進学に関しては、問４―３（答）のとおりである。

なお、このような事例については、児童が、児童の保護者に対する扶養請求権等を保全するため、保護者に代わって、法人等による寄附の不当な勧誘の防止等に関する法律第８条第１項の規定による取消権等を行使できる場合がある。実際に児童が権利を行使するためには、児童が保護者に対して扶養請求をして扶養義務に係る債権を確定した上で、取消権を行使しなければならない。訴訟手続等を行う必要がある場合、本来であれば児童の親権者等である保護者が訴えを提起等するが、親権者が親権の停止を受けている場合等親権者等の法定代理人がない場合又は法定代理人が代理権を行うことができない場合には、児童が各請求をするためには、裁判所から特別代理人の選任を受ける必要があると考えられる。特別代理人の選任を受けるためには、裁判所にその選任の申立てをする必要があるが、実際にその申立てをするためには、弁護士が児童のために活動することが手続の円滑に資するため、児童相談所等が対応するに当たっては、弁護士会等の関係機関と連携して対応することが必要である。弁護士会においては、一定の要件を満たせば児童が費用を負担することなく、弁護士に委任をすることができる制度がある。

問４－３　宗教の信仰等を背景として児童が高校や大学等に進学することを認めないような事例について児童虐待に当たるか。

（答）

高等学校への就学、進学については問４―２（答）に記載するものと同様である。

また、大学に進学することを認めない行為（保護者の同意が必要な書類への署名や緊急連絡先の記入等の手続の拒否のほか、学費等の必要経費に充てる金銭を得るためのアルバイトを認めないことを含む。）について、それ自体が直ちに児童虐待に該当するものではないが、児童本人が進学を希望し、世帯の経済的状況等に鑑みて進学が可能である（奨学金等の支援を活用する場合も含む。）にもかかわらず、宗教上の教義等を理由とし、

- 「～をしなければ/すれば地獄に落ちる」など児童を脅すこと
- 「世界は破滅するので、学校に行くことは無駄である」など諦めさせせようとすること
- 児童を無視する、経済的な援助を拒む等拒否的な態度を継続的に示すこと

により進学を禁止するような行為は心理的虐待に該当する。

問4－4　児童がアルバイト等により得た収入について、児童の意思に反する形で、保護者が宗教等の信仰活動等に消費（寄附、寄進等の呼称の如何を問わない。）した場合については、児童虐待に当たるか。また、どのような支援が考えられるか。

（答）

児童の財産管理権を有することに乗じ、児童のアルバイト等により得た収入（高等学校や大学等への就学、進学に関し、児童に対して貸与もしくは支給された奨学金等を含む。）を取り上げ、児童本人の意思に反し、客観的に見て明らかに児童の現在の生活や将来につながらない目的に消費する行為は、児童からの信頼を裏切ることなどにより児童の心情を著しく傷つける行為として心理的虐待に該当する。

児童がアルバイト等により得た収入は、児童の財産であるから、児童の意思に反する形で、これを児童の現在の生活や将来につながらない目的の下で保護者が消費したような場合には、保護者の児童に対する不法行為が成立し得る。

また、保護者が宗教団体に唆されて児童の財産を無断で寄附したような場合には、宗教団体の児童に対する不法行為が成立するものとして、児童が宗教団体に対して直接損害賠償を請求し得る。

さらに、児童相談所長が管理権喪失の審判の申立（民法第835条、児童福祉法第33条の7）を行い、管理権喪失の審判を得た上で未成年後見人選任の申立（児童福祉法第33条の8第1項）を行い、未成年後見人が、児童の法定代理人として保護者に対して扶養請求をして扶養義務に係る債権を確定した上で、法人等による寄附の不当な勧誘の防止等に関する法律第8条の規定に基づく取消権等を行使することも考えられる。

問4－5　信仰する宗教の教え・決まり等を理由として、児童に対する治療として必要となる行為（輸血等）を行わないといった行為は児童虐待に当たるか。

（答）

理由の如何に関わらず、医療機関の受診を合理的な理由無く認めない行為や、医師が必要と判断する医療行為（手術、投薬、輸血等）を受けさせないこと（輸血を拒否する旨の意思表示カード等を携帯することを強制することを含む。）はネグレクトに該当する。必要に応じて、一時保護による緊急対応や児童相談所長による親権停止申立（民法第834条の2，児童福祉法第33条の7）を検討すること。

問4－6　信仰する宗教の教え・決まり等を理由として、児童が様々な学校行事等に参加することを制限するような行為については児童虐待に当たるか。

（答）

児童本人が学校行事等に参加することを希望しているにもかかわらず、児童に対する適切な養育の確保や教育機会の確保等を考慮せず参加を制限する行為は、宗教の信仰等を理由とするものであっても、心理的虐待又はネグレクトに該当する。

問４－７　児童の養育を著しく怠る場合にはネグレクトに該当するものであるが、背景として奉仕活動や宣教活動といった宗教等に関する活動（修練会、セミナー、聖地巡礼等）がある場合には、児童虐待に当たるか。

（答）

奉仕活動や宣教活動といった宗教等に関する活動（修練会、セミナー、聖地巡礼等）への参加などにより、児童の養育を著しく怠る行為は、背景に宗教団体等による勧誘等がある場合であってもネグレクトに該当する。

問４－８　児童の進学や就職のタイミングの際に、宗教の教義等を理由として、児童本人の希望や選択を顧みることなく宗教上の教義等の理由により、進路を強制することは児童虐待に当たるか。

（答）

宗教上の教義等を理由とし、「～をしなければ/すれば地獄に落ちる」などの言葉を用いて児童を脅したり、児童を無視する等拒否的な態度を継続的に示したりすること、保護者の同意が必要な書類への署名や緊急連絡先の記入の拒否等により、児童の進学や就職を実質的に制限するような行為は心理的虐待に該当する。

問４－９　宗教団体等が所有する施設内や実施する行事等において児童に対して暴力行為や言動・態度による圧迫行為が行われているにもかかわらず、保護者がそうした行為に対して特段の手立てを講じないような場合には児童虐待に当たるか。

（答）

保護者が、宗教団体等の施設内や実施する行事等において児童が暴力行為や言動・態度による圧迫行為その他本書で児童虐待とされている行為を受けていると知りながら、児童の安全を図るための対応を怠った場合はネグレクトに該当する。

問４－１０　性被害等の自己の意思によらない形で妊娠をした女児が妊娠中絶を希望しているにもかかわらず、宗教に関する教義を理由として親権者が中絶手術に同意しないような場合には、児童虐待に該当するのか。また、こうした事例についてどのように対応すべきか。

（答）

未成年の女児に対して人工妊娠中絶を行う場合において、

①　女児本人が人工妊娠中絶を希望する意思を明確なものとしており、かつ、暴行・脅迫によって抵抗・拒絶できない間に性交され妊娠した場合又は

②　妊娠の継続や分娩が身体的又は経済的に母胎の健康を著しく害するおそれがある場合

であるにもかかわらず、親権者が人工妊娠中絶に同意しないことは、理由の如何に関わらずネグレクトに当たる。

こうした場合においては、母体保護法指定医師とも連携し、必要な人工妊娠中絶を受けられるようにするため、親権停止、保全申立等の措置も含めて対応を検討すること。

（⑤性的虐待）

問５－１　宗教の教義等を学ぶための教育などと称し、児童に対し、その年齢に見合わない性的な表現を含んだ資料を見せる行為や、口頭で伝える行為は児童虐待に該当するか。

（答）

児童に対し性器や性交を見せる行為や、児童に対してその年齢に見合わない性的な表現（セックス、マスターベーション、淫乱といった文言やイラスト等）を含んだ資料・映像を見せる行為や、口頭で伝える行為は、宗教の教義等を学ぶという名目であっても、性的虐待に該当する。

問５－２　宗教活動の一環と称し、宗教団体の職員その他の関係者に対して児童本人の性に関する経験等を話すことを児童に強制する行為は児童虐待に該当するか。

（答）

児童に対して自身の性に関する経験を他者に開示することを強制する行為は性的虐待に該当する。また、保護者が直接的にこうした行為をせずとも、そうした行為を児童に対して行わせる場と知りながらそれを防止するための特段の手立てを取らないことは性的虐待又はネグレクトに該当する。

【児童虐待対応や自立支援に当たっての留意事項】

問６－１　宗教に関する児童虐待事案に対応するに当たり、児童への対応や保護者への説明なども含め、特に注意しておくべき事項としてはどのようなものがあるのか。宗教等関係の事案であることについて、通告・発見時点で把握できている場合とそうでない場合とで、異なる部分はあるのか。

（答）

宗教等に関する児童虐待を受けている可能性のある児童については、保護者から宗教等の教義に基づく考えや価値観の影響を強く受けている場合があるため、自らの置かれている状況を問題として認識し訴えることが難しい場合がある。置かれている状況を客観的にアセスメントし、児童虐待があると疑われる場合には、児童本人や保護者に対して、児童虐待の定義に基づいて説明、指導を行うことが必要である。

ただし、宗教等の教義に基づく児童への親の行為や考えについて指導によっても改善することが困難である場合も想定され、また、指導等を行ったことを契機として、保護者による児童虐待行為がエスカレートすることや、宗教団体等から家庭に対する働きかけが強まること等も懸念されることから、児童の安全の確保を最優先とし、必要な場合には躊躇なく一時保護等の対応を取ることが必要である。

また、これらの対応を検討するに当たっては、問６―５（答）に記載する専門機関等の助言も得つつ行うことが重要である。

問６―２　児童虐待に当たる行為を行った事実はないが、宗教等の信仰に関する保護者の行為や、児童の抱える強い不安等を理由として、児童から、児童相談所に対する相談や、一定期間保護者と離れた生活を強く望むような発信があるような場合には、どのように対応すべきか。

（答）

児童本人からの相談希望に対しては、どのような理由であっても、児童相談所は児童の不安や気持ちに寄り添い丁寧に聞き取りを行う。

また、家庭からの分離を希望する場合も同様にその理由や児童が置かれている状況を確認し、一時保護を含めた対応を検討すること。

また、宗教等を背景とする場合においても、親との接触のみをもって児童の心身に危害が加えられる可能性があることに十分注意し一時保護の解除等の検討も含め、児童の安全を図った上で必要な調査を実施するように留意することが必要である。

問６－３　児童相談所に対し、満18歳以上の者から、親の宗教等の信仰を背景とする課題に関して相談がなされた場合にはどのように対応すべきか。

（答）

家庭からの分離を前提に自立のための支援を希望する場合、児童相談所は自立援助ホームなどの利用について紹介を行い、本人の希望に基づいて入所などの対応を検討することが必要である。また、自立援助ホーム等の利用を希望しない場合でも、18歳以上であることのみをもって消極的な対応はしないことが必要であり、本人の抱える課題を確認し、法テラス、福祉事務所等の関係機関・団体等への繋ぎなど必要な連絡調整等を実施することが必要である。

問６－４　宗教の信仰等を背景として保護者から児童の心身に対して行われる行為について、一つひとつの行為による児童への影響が軽微である場合には、仮に児童の養育環境や福祉の観点から不適当であっても、児童虐待に該当する余地はないのか。

（答）

宗教の信仰等に関する事案であるか否かにかかわらず、個別事例が児童虐待に該当するかどうかという点を判断するに当たっては、児童の状況、保護者の状況、生活環境等の状況から総合的に判断すべきである。このため、一つひとつの行為が軽微である場合にも、児童虐待に該当する場合もあることに十分に留意し、児童に対して及ぼす影響を総合的に考慮して判断する必要がある。

問６－５　宗教等を背景とする児童虐待を経験した者に対し、想定される公的な支援策としてはどのような事業等があるのか。

（答）

宗教の信仰等を背景とする課題に関し、各種の相談支援や生活支援等については以下のとおりであり、こうした支援等を適切に利用することができるよう、児童相談所等においてサポートすることが必要である。

なお、これらの他、児童に対する相談支援等のために児童相談所が助言を仰ぐことができる専門機関等について現在確認中であり、別途、お示しする。

【総合的対応窓口（相談先が分からない場合）】

○　法テラス「霊感商法等対応ダイヤル」

「旧統一教会」問題やこれと同種の問題でお悩みの方（こども本人を含む）を対象に、相談窓口情報を案内するフリーダイヤルを開設している。

経済的にお困りで法的トラブルを抱えた方は、法テラスによる無料法律相談や弁護士費用等の立替えを利用できることがある。

（電話番号：０１２０—００５９３１（フリーダイヤル））

（メール問合せ）

https://www.houterasu.or.jp/houterasu_news/reikandaiyarumail.html

【金銭・法的トラブルを抱えている方への支援】

○弁護士会の子どもの人権に関する相談窓口

家庭内トラブルや児童虐待などこどもに関する問題について、多くの地域の弁護士会が電話や面接で無料の法律相談を行っている。保護者の協力なくこども本人が相談できるほか、児童相談所等からの相談も受け付けている相談窓口もあり、相談方法などの詳細は以下参照。

※相談窓口一覧

https://www.nichibenren.or.jp/legal_advice/search/other/child.html

【高校生等への修学支援】

国内に住所を有し、一定の基準を満たす場合は、高等学校等の授業料や授業料以外の教育費の支援を受けることができる。

授業料の支援（高等学校等就学支援金）は、世帯所得が一定額未満である場合、入学後に学校で手続を行うと、国から各都道府県等を通じて学校に授業料が支援される(学校が代理受領する）仕組みとなっている。

また、教科書費、教材費など、授業料以外の教育費の支援（高校生等奨学給付金）は、生活保護世帯、住民税所得割非課税世帯であれば、奨学金の支給（返還不要）を受けることができる。

（制度詳細等に関する相談等の窓口）

①　授業料支援（高等学校等就学支援金）の場合

・公立高校等

https://www.mext.go.jp/a_menu/shotou/mushouka/1292209.htm

・私立高校等

https://www.mext.go.jp/a_menu/shotou/mushouka/1292214.htm

・国立高校等

文部科学省初等中等教育局修学支援・教材課高校修学支援室

高校修学第一係（電話番号：０３－５２５３－４１１１【内線３５７７】）

②　授業料以外の教育費支援（高校生等奨学給付金）の場合

https://www.mext.go.jp/a_menu/shotou/mushouka/detail/1353842.htm

※　上記のほか、都道府県において、貸与型奨学金や都道府県独自の通学費等の支援が存在する場合もあるため、各都道府県に相談すること。

【大学等への進学支援】

○高等教育の修学支援新制度

大学、短期大学、高等専門学校、専門学校に通う、住民税非課税世帯及びそれに準ずる世帯の学生等を対象に、授業料等の減免措置と給付型奨学金を支給

（より幅広い世帯収入の方を対象に奨学金をお貸しする制度もあります。）

※支援内容や手続きなどの相談窓口

○各大学 ·専門学校等の学生課や奨学金窓口

○日本学生支援機構　奨学金相談センター

電話：０５７０－６６６－３０１

【生活困窮している方への支援】

生活困窮者支援に関する相談窓口（※１）を全国の福祉事務所設置自治体に設置し、支援員が電話や面談等により相談支援を行っているほか、資産・収入が少なく、住まいにお困りの方への一時生活支援事業（一時的な宿泊場所や食事の提供等を行いながら、就労等による自立を支援）を実施している。

また、ハローワーク（※２）において、一人ひとりのニーズに応じた就職支援を実施しているほか、就労にあたって不安や困難を抱えている若者等（15 歳～49 歳の無業の方）を対象とした地域若者サポートステーション（通称サポステ）（※３）において、キャリアコンサルタント等による専門的な相談支援などを行っている。

（※１）自立相談支援機関　相談窓口

https://www.mhlw.go.jp/content/000936284.pdf

（※2）全国のハローワーク

https://www.mhlw.go.jp/stf/seisakunitsuite/bunya/koyou_roudou/koyou/hellowork.html

（※3）全国のサポステ

https://saposute-net.mhlw.go.jp/station.html

【心のケアが必要な方への支援】

各都道府県等に設置されている精神保健福祉センター（※）において電話相談を実施している。

また、社会的な繋がりが希薄な方などの相談先として、２４時間３６５日無料の電話相談として、一般社団法人社会的包摂サポートセンターが寄り添い型相談支援事業（よりそいホットライン）（※※）を実施しており、電話相談に加え、必要に応じて、面接相談や同行支援を実施して具体的な解決に繋げる寄り添い支援を行っている。

（※）精神保健福祉センターの連絡先

https://www.zmhwc.jp/centerlist.html

（※※）よりそいホットライン：

０１２０－２７９－３３８（岩手県・宮城県・福島県以外にお住まいの方）

０１２０－２７９－２２６（上記3県にお住まいの方）

【学校における教育相談】

宗教に関する悩みや不安を含め、学校において、スクールカウンセラーによる児童生徒・保護者に対する心のケアや、スクールソーシャルワーカーによる必要な機関への仲介を実施。

また、通話料無料の２４時間子供 SOS ダイヤル（※）によって、電話で相談する児童生徒への支援を行っている。

（※）２４時間子供 SOS ダイヤル：

０１２０－０－７８３１０

【その他】

問７－１　普通養子縁組や特別養子縁組で養子となった児童に対し、養親から、宗教等の信仰等を背景とした虐待行為がある場合や、児童に対して宗教の信仰を促すような行為が認められる場合にはどのように対応すべきか。

（答）

普通養子縁組や特別養子縁組で養子となった児童に対し、養親から宗教等の信仰等を背景とした虐待行為や、宗教の信仰を促すような行為があった場合の対応は、実子に対してそのような行為があった場合と何ら変わりないため、問１－１から問６－４と同様に対応する必要がある。

問７－２　児童福祉法に基づく措置として児童の養育の委託を受けた里親等について、宗教等の信仰等を背景とした虐待行為がある場合や、児童に対して宗教の信仰を促すような行為が認められる場合にはどのように対応すべきか。

（答）

社会的養護の担い手である里親やファミリーホーム、児童養護施設等は、委託又は措置されている児童の養育にあたっては、社会的養護が児童を公的責任で社会的に保護養育するものであることから、児童の内心の自由や自主性を尊重し、児童が安全で安心して生活できる環境を確保することが重要である。問６－１にあるとおり、養育者からの宗教等の教義に基づく考えや価値観の影響を強く受けている場合、児童自らは置かれている状況を問題と認識し訴えることが難しい場合があることに十分留意する必要がある。里親やファミリーホームに委託されていたり、児童養護施設等に措置されている児童に対しても、宗教等を背景として問１－１から問６－４において虐待に当たるとされている行為が認められる場合は、被措置児童等虐待として、児童福祉法第 33 条の 10 から第 33 条の 16 までの規定に則り、適切な対応を講ずる必要がある。

宗教を背景としたものも含む被措置児童等虐待の発生を未然に防止するため、児童相談所や里親支援機関は、児童が里親やファミリーホームに委託又は児童養護施設等に措置された後も、定期的な相談支援や訪問支援、児童からの状況聴取等により、児童への不適切な養育の兆候等をできるだけ早く把握し、必要に応じて、里親やファミリーホーム、児童養護施設等への指導や助言等を含む対応を早期にとるように留意する。

また、児童相談所や里親支援機関は、委託又は措置されている児童に対して、面談の機会等を通じて、宗教等を背景としたものも含め、委託又は措置中に悩むことや辛いこと、権利侵害等があれば積極的に相談してほしい旨を日頃から伝達するとともに、相談しやすい関係をつくるよう努める必要がある。

政教分離について

1　わが国における政教分離

政治と宗教を語るに当たって、政教分離の問題は避けて通れません。政教分離とは国家と宗教団体の分離の原則をいいます。その内容は①宗教と政治がお互いに介入しない「非宗教性」と②宗教と非宗教の間でも宗教と宗教の間でも平等な扱いが求められる宗教的中立性からなっています。これは宗教と国家の関わりが全く許されないということを意味しません。社会における宗教の文化・教育など様々な分野で活動を考えれば、国家との関わりも一定程度必要なのですが、どこまでの関わりが許されるかという点が問題です。後述するようにこれは多くの事件で公金支出の側面から検討されてきました。

憲法20条1項後段は「いかなる宗教団体も、国から特権を受け、又は政治上の権力を行使してはならない」と定め、3項は、「国及びその機関は、宗教教育その他いかなる宗教的活動もしてはならない」と定めています。これは国から特定の宗教が特権を受けることを禁じ、国家の宗教的中立性を示した規定です。政教分離について、判例は憲法が個人の権利を直接保障するのではなく、一定の制度を保障することにより、間接的に国民の権利を保障する「制度的保障」であるとしてきました。政教分離の性質については争いがありますが、いずれにせよ政教分離が存在することで、信教の自由が守られる関係にあり、両者は表裏の関係にあります。

この点、信教の自由について各国が憲法においてこれを保証していることに対して、国家と宗教との関係や距離感は、現代においても国により異なっています。具体的には

①国教制度型

イギリスなどがこれに該当します。国教が指定されたうえで、国教以外の宗教に対して信教の自由に基づき宗教的寛容を認めることで公平を図る制度です。

②政教条約（コンコルダート）型

国家と宗教団体とを分離させながら、国家と教会とは各々その固有の領域において独立であることを認め、競合する事項については政教条約を締結し、それに基づいて処理すべきものとするイタリア・ドイツ型です。

③厳格型

アメリカ、日本など。国家と宗教とを厳格に分離し、相互に干渉しない制度。

上記の3類型で見る限り、国教やコンコルダートを持たない日本は③厳格型に属するということになります。建国の歴史の初期に、国教を持たないことを合衆国憲法修正第1条を定めたアメリカの政教分離の歴史は長いものです。ただし、宗教的な原因から堕胎に対する強烈な反発があ

り、地動説やインテリジェント・デザインを信じる者が相当数存在するアメリカ社会が想定する宗教的中立と、日本人が想定するであろう、国家の宗教色自体を薄める方向での宗教的中立の間の距離は相当あるように感じます。

そもそも宗教的中立が日本に求められたのは、１９４５年の神道指令に遡ります。アメリカは日本の軍国主義をナチズム・ファシズムと同視したうえで、その源泉を国家神道にあると考え、当該指令をもって、神道への援助の廃止、教育からの神道の除去、神祇院の廃止によって信教の自由を確立するとともに政教分離の実現を図ったものです。日本国憲法の規定はその流れを受けたものであり、日本国憲法下でも依然として神道に対する公金支出が争点となり続けてきました。

2　国家神道と政教分離

上記のとおり、わが国の厳格な政教分離の制度には国家神道の影響を排除する目的で持ち込まれた経緯があります。国家神道についての定義自体広くも狭くも捉えることができそうですが、「明治新政府により作られた、国家によって統括され本来の宗教から離れ国民に天皇崇拝と神社信仰を義務づけた神道」を指しているとここでは考えます。

国家神道という単語はそもそも戦前には存在せず、ＧＨＱ占領後の造語です。ＧＨＱはそもそも国家神道をナチズムやファシズムと同じ文脈で考えていたので、所謂宗教として国家神道を捉えていたわけではなく、「非宗教的ナル国家的祭祀」として考えていました。それは神官の宗教活動の禁令を出すなど、神道をあくまで統治の手段と考えた明治新政府による神社非宗教論（その基礎となった浄土真宗本願寺派浄の僧侶、島地黙雷による「三条教則批判」は、むしろ政教分離と信教の自由を主張する内容でした）とも通じます。

国家神道が求めるのは端的に神聖不可侵な主権者である天皇と政府に対する忠誠であり、世俗権力への忠誠と性質的には変わらないと思われますし、上記の明治新政府の立場、ＧＨＱの立場のいずれとも共通します。

政教分離において争点となることが多い靖国神社も、そもそも陰陽道を基軸とした東京招魂社として設立されています。事後的に神社化されたとはいえ、その経緯は一般の神社とは異なります。

国家神道が形式的に宗教ではないとされた結果、明治憲法下でも一定の保障がなされていた信教の自由も国家神道の前では意味をなさないことになりました。このような歴史について、神道もまた宗教としての枠組みで取り扱われるべきであったと指摘されるところです。

しかし、国家神道が宗教であるのかどうかについては、その実体面においても疑問があります。島地黙雷が述べた通り、国家神道は教義も未熟であり、単に皇統の正当性を述べるに留まっています。これは本当に宗教なのでしょうか。

国家神道が国家を背景に力を振るった歴史は、国教が存在する国よりも、社会主義国が宗教そのものに否定的な態度をとり、社会主義に抵触する宗教への抑圧を行ったケースにむしろ似ているように思います。社会主義自体、指導者を神格化して崇拝し、死体が腐らないと喧伝するなど、宗教的側面があり、宗教と国家権力の狭間に存在しているかもしれません。

その国家神道の特殊性は、日本の政教分離の現状を論じるに当たって一つの視点になると私は考えます。

3 政教分離に関する判例

では、政教分離は法廷においてどのように扱われてきたのでしょうか。憲法89条は、宗教上の組織や団体のために公金を支出したり公の財産を使用させたりしてはならないとしています。財政面から政教分離原則を財政の観点から規定したものですが、政教分離に関わる多くの裁判はこの規定を巡って争われてきました。

(1)津地鎮祭訴訟(最大判昭52・7・13民集31巻4号533頁)

一つの基準となったのが、三重県津市が、市立体育館を建設する際に地鎮祭を執り行ったことは政教分離に違反しないとされた津地鎮祭訴訟です。本訴訟で最高裁は憲法20条3項が否定する宗教的行為を初めて定義しました。

本判例は憲法20条3項により禁止される「宗教的活動」について、宗教とのかかわり合いがわが国の社会的・文化的諸条件に照らし信教の自由の保障の確保という制度の根本目的との関係で「相当とされる限度を超えるもの」、すなわち、その「行為の目的が宗教的意義をもち、その効果が宗教に対する援助、助長、促進又は圧迫、干渉等になるような行為」に限られ、・目的及び宗教意識、一般人への影響等、諸般の事情を考慮し、社会通念に従って客観的になされねばならない」としました。目的効果基準と呼ばれる基準です。

本判例は目的効果基準を用いて、争点である起工式の方式が宗教とかかわり合いをもつものであることは否定せず、ただ関係者の意識においては、これを世俗的行事と評価し、これにさしたる宗教的意義を認めなかったものと考え、神道を援助、助長、促進するような効果をもたらすことになるものとも認められないとして、憲法20条3項に違反、同条1項後段違反はなく、起工式の挙式費用の支出も、特定の宗教組織又は宗教団体に対する財政援助的な支出とはいえないから、憲法89条に違反しないとしています。

(2)愛媛県玉串料訴訟最高裁判決（最大判平9・4・2民集51巻4号1673頁）

その後も、この津地鎮祭訴訟の最高裁の判断枠組みが先例として踏襲されてきました。しかし、愛媛県知事が、公金から靖国神社の例大祭に対して公金から玉串料を支出した行為が争われた本事例では、公金支出に関する政教分離の事件に関して、初めて違憲という判断がなされています。

本判例は、例大祭や玉串料などは宗教的意義を有し、県が特定の宗教団体の挙行する重要な宗教上の祭祀にかかわり合いを持ったということが明らかだとしました。そして本件支出は、憲法20条3項の禁止する宗教的活動を行うためにしたものとして、違法というべきであるとしています。そのうえで、例大祭などへの玉串料の奉納は、世俗化・慣習化しておらず、目的効果基準に照らして、玉串料などへの公金支出を憲法89条違反だと判断しています。

(3)空知太神社訴訟の最高裁判決（最大判平22・1・20民集64巻1号1頁）

次に北海道砂川市が、市有地を神社施設の敷地として無償使用させていたことが、憲法89条違反となるかどうかが争われた事例で、2件目の違憲判決が出ました。この事例で神社は、宗教法人ではなく地域住民による氏子集団が管理運営しているもので、建物の主要部分である集会室は、普段は学習塾などとして利用され、祭事には別の神社から宮司の派遣を受けていました。また、本来本件神社施設は私有地の上にありましたが、その土地が地方公共団体に寄附され、その際に地方公共団体の議会で祠などの施設のために無償で使用させる旨の決議が行われるなどの経緯もありました。

上記のような事情がある中で本判例は、神社物件について一体として神道の神社施設に当たり、本件神社において行われている諸行事は宗教的な意義の希薄な、単なる世俗的行事にすぎないということはできない、また、神社を管理し祭事を行っている氏子集団についても宗教団体であり、憲法89条にいう「宗教上の組織若しくは団体」に当たるとしています。

そして公有地の本件利用提供行為は市が特定の宗教に対して特別の便益を提供し、これを援助していると評価されてもやむを得ないとしたうえで、総合的に判断して、本件利用提供行為は憲法89条の禁止する公の財産の利用提供に当たり、ひいては憲法20条1項後段の禁止する宗教団体に対する特権の付与にも該当すると解するのが相当であるとしています。

本判決では、これまで基準とされていた目的・効果基準を使わず、総合判断によっている点に特徴があります。

(4)孔子廟事件（最大判令3・2・24判タ1485号10頁）

上記のように、津地鎮祭事件以来、政教分離により係争の対象となってきたのは、殆どが神道に関する公金支出でした。その結果、誤解を恐れず表現するならば、政教分離を強く主張し、住民訴訟を提起するのは革新勢力、そこを曖昧にしようとするのが保守勢力、というような色分けがイメージされてきたのです。しかし、令和に入り、保守勢力側の原告が、革新勢力の得意としてきた方法論を使って住民訴訟を提起し、違憲判決を獲得する事案が現れました。

本件は、地方公共団体が管理する都市公園に孔子を祀った施設の設置が許可され、その敷地使用料も全額免除されたことが争われた事案です。

最高裁は本件施設について、外観等に照らして、神体又は本尊に対する参拝を受け入れる社寺との類似性があるということができるとして、本件施設で行われる釋奠祭禮は思想家である孔子を歴史上の偉大な人物として顕彰するにとどまらず、その霊の存在を前提として、これを崇め奉るという宗教的意義を有する儀式というほかないとし、また、本件建物の所有者の釋奠祭禮の観光ショー化等を許容しない姿勢から世俗的な目的に基づいて行われているなどの事情もうかがわれないと判断しました。

そして、本件施設については、一体としてその宗教性を肯定することができることはもとより、その程度も軽微とはいえないとして、本件施設の観光資源等としての意義や歴史的価値をもって、直ちに、参加人に対して本件免除により新たに本件施設の敷地として国公有地を無償で提供することとの必要性及び合理性を裏付けるものとはいえず、本件免除は憲法20条1項後段や同89条への違反を判断するまでもなく、20条3項の禁止する宗教的活動に該当すると解するのが相当であるとしています。

4　これからの政教分離について

政教分離に関する争いは戦後の歴史を通じて、主に神道と国家の結びつきに着目して争われてきました。訴訟を提起する原告の目的はＧＨＱの方針と大きく変わらず、国から神道の影響力をそぐためのものであったと言えるでしょう。靖国参拝をめぐる訴訟が多数存在することからは、むしろ原告は国家神道と清算されていない大日本帝国のレガシーと争っていたとも表現できるケースがありそうです。

私は統治の手段でしかなかった国家神道の本質を宗教として扱うことに、これまで述べてきた通り若干の疑問を持ちます。ただ、今も終戦記念日になると、国家神道の影響の大きかった靖国神社には多くの人が訪れ、死者の霊に祈りをささげる姿が見られます。これは国家神道が単に統治の手段に過ぎないとする観点からはやや奇異に映るかもしれません。

しかし、靖国神社の沿革に疑問をもつ私すら、そこに眠る（かもしれない）魂に対しては、これをないがしろにすることには若干の罪悪感があります。それが素朴な神道的信仰心であるのか、あるいは大日本帝国の未だ清算されていない歴史に対する感傷に過ぎないのか、自分自身でも見極めが難しいのが現実です。

政教分離を定めた日本国憲法は、明治憲法の改正規定に形式的に則って行われています。しかしこの改正は、憲法改正の限界を超えるため、ポツダム宣言受諾を革命の成就と読み替える八月革命説なる荒唐無稽な学説が通説として長く君臨してきました。日本国憲法はそれほど、説明に窮するような状況の中で作られたのでしょう。そして、靖国神社問題を含むレガシーに理論的な整理をつけてきたのが、津地鎮祭事件以降の戦後の判例だと言えます。

ただし、孔子廟事件の項目でも述べた通り、現代において政教分離を論ずるため神道だけに着目すればよい時代は終わりを迎えつつあります。

例えばフランスでは、イスラム教徒のスカーフについて、女性が顔を隠すよう強要されることから守り、政教分離を擁護するためスカーフの着用を制限する法律が制定される一方、ヴェールで顔を隠すことはイスラムの教えではなく、コーランにも書かれていない文化伝統であるなどと反論されるスカーフ問題について激しい論争が起きました。もし公立学校において同様の問題が起きた場合、エホバの証人に関する神戸高専剣道実技拒否事件のように信仰を重視した判決が出るでしょうか。しかし、移民の数が増え、発言力が増した今後の日本社会を前提としたうえで、同様の判断がなされるかについては未知数です。移民による閉鎖的コミュニティが存在感を強め、他方で極右勢力が躍進するヨーロッパの状況は決して対岸の火事ではありません。

また、国内に目を向けても、近年政治との距離が問題になったのは旧統一教会です。資金を潤沢に手にした新宗教と政治の結びつきについては、今後も問題が発生するでしょう。

これまで日本において、エホバの証人に関するいくつかの事件などを除き、神道に関連する政教分離の問題は、重要な政治問題でこそあれ、問題の性質としては戦前の清算、あるいは過去の信仰が世俗化していく中での残像のごときものの整理に過ぎなかったように感じます。しかし今後の政教分離の問題は、今生きている宗教、生々しい信仰心と潤沢な資金、強力な求心力を持つ宗教団体を相手とした激しい内容になると想像されます。

戦後の清算から次の局面に移りつつある現代、宗教と行政の距離感については、国家的な議論を進め、客観的な基準を作っていくこと、そのために問題を顕在化させることが、将来の軋轢を回避するために重要になると私は考えます。例えば、これまでは政教分離と公金の支出について争う手段が、ほぼ住民訴訟に限られてきました。こうした点については、国家レベルでの訴訟手段を用意する必要があるという点が以前から指摘されています。例えば日本弁護士連合会は、２００５年に独自の「公金検査請求訴訟法案」をとりまとめ、法務省に提出しています。宗教問題をタブー視せず、制度面、価値観面、双方から国民の議論を広く積極的に進めることが大切でしょう。

第5章

世界平和統一家庭連合

総合教育出版編集部

言わずと知れているが、世界平和統一家庭連合（以下「統一教会」）は、1954年5月1日に韓国の文鮮明（ムン・ソンミョン）によって創設されたキリスト教を基本とした新宗教である。

教義と理念

教義については

「世界平和統一家庭連合の主な教義は、「統一原理」と呼ばれる体系的な思想です。統一原理は、人が正しく生き、理想家庭と世界平和を実現して幸福になるための道として、文鮮明総裁が長い年月をかけて宇宙に潜む普遍的真理を解き明かした体系的な理論です。統一原理は大きく、①創造原理、②堕落論、③復帰原理の3つから成り立っており、宇宙の根本は何か、人生の目的は何か、人間はどうして生まれたのか、不幸の原因はどこにあるのか、どうしたら平和で幸福な世界ができるのか、といったさまざまな問題が明確に解かれ、人類の未来に新たな指針を与えるものです。」

（＊世界平和統一家庭連合ウェブサイト：家庭連合の教義）

現在の教義はウェブサイトにこのように掲載されており、①創造原理は神が人を創造した目的、②堕落論では神の理想と人の現実の乖離について、③復帰原理で現実に苦しむ人間の救い方が説かれている。

理念については次の通りとなっている。

「家庭連合のミッションは、「私たちは、〝天の父母様の下の人類一家族〟という理念に基づき、真の愛を中心とした為に生きる生活と真の家庭運動の推進を通して、自由・平和・統一・幸福の神統一世界を実現します。」です。このミッションを果たすため、「為に生きる幸せな家庭地域と共にある教会 国家と世界に貢献する家庭連合」というビジョンを掲げて取り組んでいます。」

（＊世界平和統一家庭連合ウェブサイト：ミッション・ビジョン）

現在の理念はミッション・ビジョンというかたちでウェブサイトに上記のように掲載されている。〈天の父母様〉とは文鮮明と韓鶴子を示し、家庭を重要な人間の幸せを実現するコミュニティと捉えて理想の家庭の普及、文鮮明と韓鶴子夫妻を理想とし人類が皆つながり統一した家庭を築いていく理想を実現しようとして活動を行っているということのようである。

文鮮明の生い立ちと統一教会設立まで

創始者の文鮮明は１９２０年2月25日、当時日本の統治下にあった朝鮮半島の日本統治下の平安北道定州郡（北朝鮮・平安北道定州市）で生まれた。キリスト教との関わりは１９３０年、10歳の時に親族に様々な不幸があり、さらに兄姉が精神的に病んだことを受け、両親が土地の祈禱師に邪気祓いを依頼したが効果がなかったため、老派キリスト数会に通うようになったということがはじまりであった。１９３８年、18歳で単身ソウルに出て京城商工実務学校電気科に入学し三年間学んだ後に、東京の早稲田高等工学校電気科に入学し二年半を過ごした。この際に日本語を学習し、植民地教育に対する反感を持ったとされている

１９４５年に植民地支配が終わりアメリカとソ連によって朝鮮半島が南北分断され占領統治されると１９４６年に文鮮明は北朝鮮の平壌にキリスト教の布教に行ったが投獄され、このころから共産主義に対する敵視が始まったとされる。一度は解放されるも、１９４８年に再び北朝鮮で監獄にいれられた。１９５０年の朝鮮戦争で混乱が生じた際に逃げ出し、韓国南部に逃れることで布教活動を再開した。この時期に彼の思想は形を成し、１９５４年には統一教会として結実させることとなった。

初期の活動と韓国内での発展

1954年5月1日韓国・ソウルで「世界基督教統一神霊協会」設立。当時の協会本部は一軒家の民家に看板を掲げた程度のものであった。創設当初の統一教会は、韓国内で比較的小規模な宗教団体としてのスタートであった。当初から大学等を布教のターゲットとしており、延世大学と梨花女子大学などの名門大学での布教を行った。延世大学は韓国においてソウル大学校・高麗大学校と共に「SKY」と呼ばれる3大トップの最難関大学の一つである。日本の慶應義塾大学とは単位・学位の相互認定協定を結んでいる。梨花女子大学もソウル大学校・延世大学校・高麗大学校と共に「ソヨンゴイ」と呼ばれる4大トップの最難関大学の一つである。1887年、李氏朝鮮・大韓帝国で最初に創設された女学校「梨花学堂」が起源である。韓国国内でもトップクラスの大学内で布教を行うことで、政財界での影響力を強めていこうとする姿勢がみてとれる。

しかし、大学での布教は進んだものの、大学執行部と大学内信徒間で対立が生じ、文鮮明も女学生の不法監禁容疑で検挙され事件化したことなど、韓国で大きくネガティブな報道をされることとなった。韓国国内の布教が困難になるほどであったようだが、1957年になると後に韓国の諜報機関であるKCIA(韓国中央情報局)と結びついたことにより、アメリカへの活動へと発展していく。反共活動が具体化していったのはこのころのアメリカ保守勢力との関係づくりにおいて始まった。

１９６０年に文鮮明と韓鶴子の結婚式が行われ、この結婚を機に両者を教団内で「真の父母」として位置づけ、教団における象徴的な存在としての役割を確立した。この結婚式をもとに教団が合同結婚式という儀式の原型をつくった。合同結婚式は、信者同士が教団の指導者によって結びつけられる形で行われ、神の理想家庭を実現する重要な儀式として後に拡大されていくこととなる。

政治と関係を作ることで拡大する統一教会　国際展開と日本での布教

統一教会の活動は韓国国内での布教が困難になったことで海外展開が進んでいくこととなった。１９６０年代から韓国を超えて日本とアメリカに広がり、布教の中心地は移っていった。同時に信者の数と経済的基盤が急速に拡大したとされる
１９７１年に文鮮明はアメリカに移住し、自ら布教活動を指導した。教団はヒッピー文化やカウンターカルチャーに対抗する保守的な若者層に訴えかけ、一定の支持を得ることにも成功した。アメリカの保守派政治家や反共主義団体と密接な関係を築き、教団の国際的な活動構築の道筋を作っていった。
日本における布教は１９５９年に統一教会が日本に進出すると、戦後の精神的空白を埋める新

しい宗教として拡大した。当時、日本の総理は岸信介であり、反共思想で共鳴し教団を後押ししたとされているが、岸と教団の関係はアメリカからの要請やアメリカとの関係構築としての活用もあったのではないかと思われる。

教団のウェブサイトにも〝日本家庭連合は、1959年10月2日に創立され、1964年7月15日に宗教法人として認証されました。2019年には創立60周年を迎えます。〟と記載されているが、このころから日本では本格的な布教が始まっている。

同時期に韓国では政治的混乱が続いていた。1960年に四月革命によって張勉内閣が成立し第二共和政が開始された翌年1961年には韓国軍部によるクーデターが起き再度政権が交代され朴正熙軍事政権が成立した。朴正熙政権となると反共親米路線を鮮明にし、1964年にはアメリカの要請でベトナムへの派兵を行うなど態度を鮮明にした。余談ともなるが、経済発展を掲げた朴正熙は開発独裁体制を展開し、1965年に日本への個別的請求権を棄却する日韓請求権協定を結び朝鮮半島を植民地として支配した日本が韓国と国交を結び、互いに未払いの賃金など個人の財産・請求権問題について「完全かつ最終的に解決された」（第2条）と確認した。代わりに計11億ドルの経済協力金を得る約束として「日韓基本条約」も同時に締結。日本からの経済協力は無償供与が3億ドルと無償分だけでも当時の韓国の国家予算に匹敵する巨額の支援を行い、韓国経済の急成長を支えた。

こうした社会的背景と重なり、日本とアメリカに展開し両国の保守系政治家と密接な関係を構築していた統一教会は飛躍的に拡大することにつながっていったものと思われる。韓国国内でも反共を進める政権に協力することでネガティブな印象を払拭したようである。

日本の初代会長　久保木修己

統一教会の日本の初代会長は久保木修己（くぼきおさみ）が就任した。久保木はもともと立正佼成会の会員であった。中国で生まれ育った久保木は１９４５年の終戦とともに日本に引き揚げ、立正佼成会に入会。当時の立正佼成会の会長であった庭野日敬に気に入られ青年部長兼会長秘書まで務めた人物であった。しかし、１９６２年に立正佼成会の青年部で「創価学会撲滅の会」を指導していた小宮山嘉一が統一教会に入教したことで、その影響から久保木は統一教会へと転身する。小宮山は後に各地の大学で進められていた原理研究会の連合組織である「全国大学連合原理研究会」の会長となった人物である。

１９６３年、現在は松濤に移転しているが、岸信介私邸の隣（東京都渋谷区南平台町）に教団本部が建てられた。同年には笹川良一が教団の顧問として就任している。１９６４年に統一教会が宗教法人化されると、久保木が会長に就任。小宮山と合わせて、日本での布教活動は立正佼成会出身の久保木と小宮山によって推し進められた。１９６７年に教団の顧問についている笹川良一の私邸で岸信介と文鮮明は会談している。その翌年、１９６８年に国際勝共連合が設立されると、またその会長にも久保木が就任している。立正佼成会で会長秘書や青年部長を務めていたことで日本政界に明るかったことが久保木の教団内での存在感を強める一因となった。1973年渋谷区の統一教会本部で久保木は元首相の岸信介を信者に紹介し岸は講演を行った。同年、文鮮明、韓鶴子夫妻ら教団幹部は渋谷区の統一教会本部を訪問し文と岸信介は長時間にわたり会談したとされている。1970年に世界反共連盟世界大会が日本武道館で開催されると、笹川良一が大会総裁、岸信介が大会推進委員長を務め、久保木は議長を務めるほどの関係を築いている。

日本では岸信介と教団の良好な関係から認知度も上がり、一定の存在感を得ることにも成功した。こうして拡大した教団において信者たちは、「祖国韓国を支援する」使命感を持ち、大規模な献金活動へと発展した。この結果、日本国内で多額の資金が教団に集まり、韓国本部や国際的な活動の財源となった。

全国大学連合原理研究会

統一教会問題と言われれば、一昔前は合同結婚式と原理研究会の印象が強かったのではないかと思われる。原理研究会とは、世界平和統一家庭連合の総裁、文鮮明が提唱した「統一原理」を学ぶことを目的とした学生組織で、正式名称は「全国大学連合原理研究会」。日本国内の多くの大学に支部が設置されており、別途「原研」、または英名の略称で「カープ」と呼ばれることもある。偽装して別のグループとして活動することも指摘されている。

１９７０年にかけ「親泣かせの原理運動」とも呼ばれ、統一教会の布教活動や関連団体でもある勝共連合の活動に学生がのめりこむことによって、家族関係が深刻に悪化する現象が社会的に起きた。特に、大学生や若者が勧誘され信者として活動するようになることで、家族間で摩擦が生じた。原理運動で若者が家族に黙って活動に没頭することがあり、大学を知らぬ間に辞めてしまうことや、長時間にわたる教義教育や宗教活動への参加により家族との疎遠化や対立を引き起こす原因となった。一部のケースでは、学生が高額な献金を要求され、家族の経済的負担が増大する事態を生じさせるなど深刻な社会問題ともなった。１９６７年には朝日新聞で次のように報じられている。

原理運動対策全国父母の会が開かれ、参加者の父母は会場に顔をみせた父母たちはまず、娘や恵子たちの狂的な言動に困り果てている実情を涙ながらに語り合った。どの子女も「原理運動」に熱中するまでは学校の成績もよく、まじめすぎるほどまじめで家庭も円満だったが、原理運動の四日間ほどの合宿研修に参加して帰ると、まるで性格が変わってしまい学校にほとんど通わず、全国各地の「ホーム」とよぶ合宿所に男女が一緒に泊まりきって布教に奔走しだすなど家庭はめちゃめちゃにされた。

（＊1967年9月17日 朝日新聞 朝刊15面）

原理研の運動が盛んであった早稲田大学や千葉大学では厳しく原理研を取り締まるようになり、大学側は学生に対し学業に復帰するように要請するなどしたが、退学に至る学生も現れた。原理研が問題化された。1975年に文鮮明は日本からアメリカでの教団系企業を支えるために毎月20億円の送金を命じたとされているが、本国だけでなくアメリカにも送金を行うために活動がより過激になっていったようである。

1977年になると社会問題として明確になり、日本社会党書記長なども務めた石橋政嗣が衆議院予算委員会で「世界基督教統一神霊協会の日本に於ける不法活動を調査し・摘発し・処分し・禁止を求める請願書」を次のように読み上げている。

入信者のほとんどは、かつて親に心配をかけたことのない純真な若者たちばかりであるが、入信してからは強烈な教義をたたき込まれ、学業、職場を放棄して家出し、集団をつくり、戸別訪問での押し売り、街頭での強要、募金活動、見知らぬ異性との集団結婚、海外渡航等を実行し、悲嘆に暮れて説得を繰り返す親兄弟を悪魔と呼ぶ始末である。そして、その中の多くの若者は身体衰弱、精神錯乱、自殺、行方不明となり、先般はアメリカで殺害されるという事件も発生しているというのである。ところで、この運動は、韓国人文鮮明なる者を教祖とするもので、キリスト教を原理教義としているが、あらゆるキリスト教団は、この教義はキリストを侮辱し、ねじ曲げた驚くべきものと非難しているのである。

（＊石橋政嗣 1977年2月7日 衆議院予算委員会）

石橋は質疑のやり取りの中で統一教会員は推定1万から1万5千、原理研究会員は約2千と当時の教団と原理研の規模について話しているが、当時既に1億人を超える人口を有していた日本においてはそれほど大きな規模ではなかった。社会問題化したのは余程酷い家庭問題が起こったからなのだろうと思われる。

この質疑の相手は当時の福田赳夫総理大臣だが、教団の活動等についてはあいまいに答えやり過ごしている。この質疑はそもそも1973年に起こった金大中拉致事件にも関連して、KCIA（韓国中央情報局）が日本に対する政界工作を行っており、統一教会もKCIAによる日本の政界工作の一旦なのではないかと疑った質疑であった。質疑の性質的にも明確な答弁は不可能だったのであろう。

安保闘争と原理研

日本で原理研が広められた理由は、学生運動への対抗が挙げられる。学生運動の始まりは、1960年に訪米した岸がアイゼンハワー大統領と会談し、新安保条約の調印と大統領の訪日で合意したことを発端とする安保改定の反対活動である。当時、新条約の承認は安保廃棄を掲げる社会党の抵抗により紛糾し、国会外でも大きな騒ぎに膨らんだ。最終的に日本社会党議員を国会本議場に入れないようシャットアウトし強行採決したが、こうした政治運動の中で学生運動は激化していった。自由民主党から支援を受けた右翼団体とデモ隊が衝突し、学生で共産活動家の樺美智子が圧死する事故が発生するなど大変な混乱を生んだ。最終的に条約は群衆に囲まれた総理大臣官邸に岸信介が実弟の佐藤栄作と共に留まり自然承認されたが、混乱の責任を取る形で岸は閣議にて辞意を表明するに至った。

1960年代半ば、ベトナム戦争、文化大革命、パリ五月革命など世界的な変化に合わせ、再び学生運動が盛んになり、各地の大学で学園紛争が起り始めるのだが、デモの混乱で辞職せざるを得なくなった岸信介を中心に保守派の議員らは対抗組織を作っていく必要に迫られた。

学生運動の高まりと同時に日本の右派運動も同様に高まっていた。統一教会も学生運動への反発を利用し、1964年全国大学連合原理研究会を発足。後にパラグアイの日本人誘拐事件で誘拐された太田洪量が初代会長となっている。太田は文鮮明から「共産主義と徹底して戦ってほしい」と言われた（＊国際勝共連合公式サイト）。

京都大学工学部だった太田は東京大学の原理研究会のメンバーたちとともに「勝共理論」を勉強し、共産党組織であった日本民主青年同盟に対し理論闘争を行った。

原理研を活用し会員獲得を進め拡大していった。1970年、日本会議の前身であった日本青年協議会が学園正常化のため、生長の家の若手や学生自治体連絡協議会などから発展していったのもこの時期であった。原理研もこの日本青年協議会の設立に協力したとされるが、後に絶縁されている。日本青年協議会から絶縁されたことで日本会議とは袂を分かち、右派活動団体として勝共連合と原理研は独自路線の運営となった。１９８９年に東西冷戦が終結するまでは反共産党の活動も順調に、一定して会員を獲得していった。

反共活動から北朝鮮支援への転換

東西冷戦が終結すると、これまで行ってきた反共運動も転換に向かう。１９９１年12月にソ連が崩壊する直前の１９９１年11月30日、統一教会の文鮮明は北京から平壌に入り、12月７日まで滞在する。滞在中に金日成主席らと会談を行い北朝鮮に対する経済支援を行うことを決定した。世界平和統一家庭連合会員の合同ニュースブログにも次のように文鮮明本人の言葉として記載されている。

共産主義問題を解決し、世界平和を実現する道は、ただ理念的対決や教育だけでは達成できないと考えます。世界を生かすには経済的支援も非常に重要なことだからです。そこで私はすでに中国に「パンダ自動車工業都市」を建設しています。

〔中略〕

その意味で私は北朝鮮との経済協力および交流を広げ、経済開発事業を積極的に参与する意思があるということを表明しました。

（＊世界平和統一家庭連合会員の合同ニュースブログ）

各種報道において統一教会は北朝鮮のインフラや経済支援のために数百万ドルを提供し、大規模な資金が投入され教団関連企業が「平壌龍岡ホテル（Yanggakdo Hotel）」の建設に関与したとされる。

経済援助の目的は文鮮明の生まれ故郷である北朝鮮に貢献する意図や、朝鮮半島の南北統一を目指すというところに表向きはあったようである。こうして、統一教会は冷戦構造の反共活動から北朝鮮の平和活動へと転換していった。奇しくも、統一教会を通して、日本の資金が日本人を拉致した北朝鮮の経済発展に活用されていたのである。

日本国内で霊感商法が社会問題化

1992年、人気女優だった桜田淳子が合同結婚式を行い、連日のようにテレビ報道され世間に衝撃を与えたことで統一教会は再び大きな注目を浴びた。しかしその翌年、1993年に統一教会が関与する霊感商法が大きな社会問題として広く報じられるようになった。桜田淳子も事務所社長に200万円で壺を売ったなどの話題もでていた。霊感商法は昔から行われていたが、東西冷戦が終結し、反共活動の熱が全国的に静まってきたころ、統一教会が会員獲得で苦戦し、韓国本部への送金額が減ったことで霊感商法への依存度が高まっていたことで社会問題化に至った。当時、全国霊感商法対策弁護士連絡会や消費者保護団体が中心となり、被害者からの相談件数や被害総額が報じられ、全国的な問題として認識された。被害総額が数十億円規模に達したとされ、家庭経済を崩壊させる事例、信者が「普通の人」を装って接近し心理的に追い詰めた上で高額商品を売りつける手法など新聞やテレビの報道では、被害者の証言や具体的な事例が紹介され、統一教会がこれらの商法に深く関与していると指摘された。

１９９５年にオウム真理教が地下鉄サリン事件を起こし、代表の松本智津夫が逮捕されるなど新宗教に対する負の感情を日本社会で決定的なものとした。１９９６年には法の華三法行による霊感商法も社会問題化し、１９９９年には法の華三法行の教団施設を詐欺容疑で警視庁と静岡県警が強制捜査を行うなど大きな話題となった。その後、１９９７年には統一教会は宗教法人の名称変更をしようと、文科省に相談していたことが政府答弁書で明らかとなっている。

２０００年以降は90年代に起こった霊感商法被害が明確となり、元信者らからの訴訟が相次ぐ。最大の支払額は２００２年に19億円で和解した関東地方に住む40代の男性である。２００２年には当時自民党幹事長であった議員の愛人１人が統一教会関係者と判明するなど、政治問題にも加わった。

悪評も高まり、宗教法人としての霊感商法だけではなく会社法人を活用して霊感商法に類似した資金集めを行うようになったのか、2009年に統一教会関連企業「新世」社長らが警視庁公安部によって逮捕されている。鑑定名目で不安をあおり、高額な印鑑を購入させるなどの特定商取引法違反での逮捕である。公安部によれば、同社は販売実績や顧客情報を統一教会側に報告していたとされ、同時に統一教会の渋谷教会などの関連施設も家宅捜索されている。

文鮮明の死去と教団の弱体化

2012年に創設者である文鮮明が死去した。文鮮明は生前に統一教会の組織や資産を息子たちに分割統治させていたのだが、死後息子たちによる相続争いが顕在化した。教団幹部と統一教会関係組織を巻き込み、ビル開発等での失敗から法廷闘争にも発展した。統一教会グループは訴訟費用や工事中止に伴う損害賠償によって多額の負債を抱えることにもなった。

巨額の献金をめぐる資金問題も噴出した。そうした混乱を収めるために韓鶴子が教団トップにつくこととなったが、その過程で統一教会本体は分派することとなった。こうしたお家騒動に対して、日本支部は完全に蚊帳の外に置かれ争いに振り回され財源としてのみ活用されている。

2015年にはこうした内部抗争に対して不満を持った米国人信者が、日本から韓国の教団幹部に対して包丁や切断された指のおもちゃなどを国際郵便で送りつけるなどの行為を行い、脅迫容疑で逮捕されている。

同年、世界平和統一家庭連合へと名称変更を行ったのも、お家騒動の結果として韓鶴子がトップに就任し、対外的にも対内的にもお家騒動に区切りをつけたことを示したかったようである。名称変更について政治関与などの話も出ているが、日本支部会長の田中富広は団体の名称変更について、「名称変更の相談を持ち掛けた当時の主務官庁は名称変更に難色を示し、変更認証申請をしないよう当法人を説得してきました。その後何度も主務官庁に名称変更の相談を重ねましたが、対応が変わらなかったので、２０１５年には、主務官庁が拒否するならば訴訟もやむを得ないと、弁護士の意見書を添えて主務官庁に意思表示しました。これを受けて主務官庁は、当法人の名称変更にかかわるものを受理し認証となりました。純粋な法律問題として適法に処理されたものであり、そこはなんら政治的介入や不正はありません」と述べている（＊世界統一平和家庭連合ウェブサイト：ニュース［２０２２］）。

安倍晋三元総理への接近

岸信介と文鮮明の関係が深かったことは明らかだが、安倍晋三との関係は薄かった。安倍が初当選した年は１９９３年。まさに統一教会が世の中から総バッシングされていた時期である。安倍の元後援会関係者もテレビ取材にて「安倍先生本人が教団の方と会ったりとか、教団のイベントに参加することはなかったと思います。やはり最初のころというのは警戒をしていたと思います」と証言している（＊テレ朝ニュース［2022］）。2006年には文鮮明が安倍氏の秘書室長と接触を重ねるよう信者に指示したと文鮮明発言録に記録が残っている。教団トップが指示しなければならないほどに関係づくりが必要であり、距離が空いていたことが明らかである。

安倍と統一教会の距離が突如縮まったのは2010年である。世界平和連合などのトップを務める梶栗正義が2010年に安倍事務所に初めて訪問したと答えている。その後、2013年、2016年、2019年と教団へ安倍から選挙支援の依頼を行っていることが自民党議員などの証言から明らかとなっている。2010年以降に支持団体の一つとして扱うようになったのだろう。2013年に行われた参議院選挙で北村経夫に統一教会の推薦をつけているが、同時に北村には祖母の北村サヨが教祖であった天照皇大神宮教の支援も付いており、統一教会単独支援でもなかった（＊2013年8月16日 朝日新聞 朝刊）。

2021年に安倍は総理退任後にUPFに対しビデオメッセージを送っており、このメッセージが卑劣な者のテロ行為の言い訳として利用された。テロリストの証言として、統一教会への多額の献金によって家庭が困窮し「大学に行くことができなかった」などと言っているが、犯行当時42歳であったことを考えると犯人が18歳から20歳であった1997年〜1999年は安倍晋三と統一教会が接点を持っていなかった時代の話であり、安倍晋三を銃殺したことにおいては蛮行と言わざるを得ない。

2022年7月8日に起こったテロ事件によってその後、旧統一教会問題として社会的話題となったことは言うまでもない話である。何故、テロ事件が起こるまで文化庁が統一教会に対して、名称変更を断る程度の対応しかできていなかったのかは明確な議論がなされていない。

解散命令請求へ

2023年10月13日、盛山正仁文科大臣はいわゆる旧統一教会（世界平和統一家庭連合）に対する解散命令を東京地方裁判所に請求した。テロ事件後に多額の献金問題などが明らかとなったことをきっかけとして旧統一教会への批判が高まった結果、解散命令請求へとつながった。

宗教法人の所轄官庁である文化庁が公開している「宗教法人世界平和統一家庭連合の解散命令請求について」では以下のように解散事由が記述されている。

本件は、本件宗教法人の信者が、長期間にわたり、献金獲得や物品販売等に伴い、多数の人に対して財産的損害を与えたばかりでなく、その方々の家族を含めて、それらの方々に看過できない重大な悪影響を与え、甚大な被害を及ぼして全国的な社会問題として扱われるまでに至ったというものです。本件宗教法人の法人格は、不法行為ないし目的逸脱行為による財産獲得の受け皿として機能したものであって、このような事態が宗教団体に法人格を付与した趣旨に反したものであることは明白です。これらのことから、本件宗教法人に対して直ちに解散が命じられるべきであると判断し、解散命令請求をすることとしました。

献金獲得や物品販売等に伴い多数の人に対して財産的損害を及ぼし全国的な社会問題として扱われたこと、不法行為ないし目的逸脱行為による財産獲得の受け皿として機能したことの二点が解散命令を請求した事由となっている。

宗教法人法第八一条1項では以下のように宗教法人の解散命令について書かれている。

「第八十一条裁判所は、宗教法人について左の各号の一に該当する事由があると認めたときは、所轄庁、利害関係人若しくは検察官の請求により又は職権で、その解散を命ずることができる。」

左の各号とは、

一　法令に違反して、著しく公共の福祉を害すると明らかに認められる行為をしたこと。

二　第二条に規定する宗教団体の目的を著しく逸脱した行為をしたこと又は一年以上にわたってその目的のための行為をしないこと。

三　当該宗教法人が第二条第一号に掲げる宗教団体である場合には、礼拝の施設が滅失し、やむを得ない事由がないのにその滅失後二年以上にわたつてその施設を備えないこと。

四　一年以上にわたつて代表役員及びその代務者を欠いていること。

五　第十四条第一項又は第三十九条第一項の規定による認証に関する認証書を交付した日か

ら一年を経過している場合において、当該宗教法人について第十四条第一項第一号又は第三十九条第一項第三号に掲げる要件を欠いていることが判明したこと。

（＊文化庁［２０２３］）

統一教会の解散命令請求においては上記解散事由の一と二に違反したということだ。国会でも宗教法人の解散要件においては様々な議論が行われた。特に注目されたのは一の「法令に違反して、著しく公共の福祉を害すると明らかに認められる行為をしたこと。」の部分である。２０２２年10月18日の衆院予算委員会で宗教法人への解散命令請求が認められる法令違反の要件は「民法の不法行為は入らないとの解釈だ」と当時の岸田総理が答えている。しかし、その翌日19日の参院予算委員会では民法の不法行為も入り得る」と答弁を修正している。

解散命令の要因となる〝法令に違反して、著しく公共の福祉を害すると明らかに認められる行為〟については仏教学者で富山大学第3代学長も務めた参議院議員の梅原真隆が１９５１年の第10回国会における参議院文部委員会にて次のように定義の確認を行っている。

○梅原眞隆君　この八十一條の第一項の「法令に違反して、著しく公共の福祉を害すると明らかに認められる行為をしたこと。」とありますが、この法令というのは何ですか。

○政府委員（篠原義雄君）　これはいわゆる法律、命令すべてを……。

○梅原眞隆君　一般のものを含めて……。

○政府委員（篠原義雄君）　そうです。

（＊梅原真隆　1951年3月24日　参議院文部委員会）

1951年に行われた参議院文部委員会の委員長は天理大学学長も務めた参議院議員の堀越儀郎である。2022年10月18日の衆院予算委員会では、当初オウム真理教が解散命令請求を受けた件と比較し刑事事件があった場合は解散命令請求の要件となるとしたが、過去の立法した理由などを確認したところ、すべての法律が対象となっていることが判明したようである。余談ではあるが、1951年当時の政府委員にあった文部省宗務課長の篠原義雄は後に霊友会が起こした赤い羽根募金業務上横領事件で10万円を受け取ったとされ収賄で懲役8か月執行猶予2年の有罪を受けている。

「著しく公共の福祉を害する」の部分においての解釈についても、第10回国会における参議院文部委員会にて議論となり、鳩山・石橋・岸・池田の4内閣で内閣法制局長官を務めた林修三政府委員が「裁判官の認定問題になると思う」と回答を行っている。今回の旧統一教会に対する解散命令請求の裁判においても、「著しく公共の福祉を害する」如何が裁判所にゆだねられることとなる。

宗教法人としての世界統一平和家庭連合は、解散命令が裁判所に判断されれば解散となるのであろうが、関連組織の国際勝共連合など別法人はどうなるのであろうか。解散命令のみで問題が解決されるものとは思えないのである。

＊参考文献：

世界平和統一家庭連合ウェブサイト　https://ffwpu.jp

家庭連合の教義　https://ffwpu.jp/about/doctrine

ミッション・ビジョン　https://ffwpu.jp/about/mission-vision

石橋政嗣：1977年2月7日、衆議院予算委員会

国会会議録　https://kokkai.ndl.go.jp

国際勝共連合公式サイト／国際勝共連合会長からUNITEへのメッセージ

https://www.ynite.org/info/special-message/

世界平和統一家庭連合会員の合同ニュースブログ〔２０１３〕『統一教会・文鮮明教祖は、なぜ北朝鮮に行ったのか？』

https://familyforum.jp/20131122225785

世界統一平和家庭連合ウェブサイト〔２０２２〕『外国特派員協会での記者会見 会見文（日英対訳）』

https://ffwpu.jp/news/3902.html

テレ朝ニュース〔２０２２〕『「最初は警戒していた」元関係者が語る〝安倍氏と旧統一教会〟距離を縮めた背景とは』

https://news.tv-asahi.co.jp/news_society/articles/000269605.html

文化庁〔２０２３〕『宗教法人世界平和統一家庭連合の解散命令請求について』

https://www.bunka.go.jp/seisaku/shukyohojin/pdf/93975301_01.pdf

島田裕巳〔２０２３〕『新宗教 戦後政争史』朝日新書

櫻井義秀［2023］『統一教会：性・カネ・恨から実像に迫る』中公新書
櫻井義秀［2024］『宗教と政治の戦後史　統一教会・日本会議・創価学会の研究』朝日新書
文藝春秋編［2022］『統一教会　何が問題なのか』文春新書

第6章

創価学会と公明党

総合教育出版編集部

政教分離について先の章で触れたが、政教分離と聞いて先ず話題に上がるのが公明党である。公明党は宗教団体である創価学会を母体にした政党である。国政与党となり25年以上活動する公明党であるが、創価学会と合わせ、改めてその存在について確認をしていく。

創価学会の設立と発展

創価学会は、日蓮正宗信者の中で教育者の研究会として１９３０年11月18日に初代会長の牧口常三郎と第2代会長の戸田城聖によって発足された。『創価教育学体系』第1巻が発行され、同書に「創価教育学会」の名称が初めて現れたことをもって設立記念日とした。その後、二人は１９２８年に日蓮大聖人の仏法を正しく実践するための信徒の集まりである法華講の信徒三谷素啓により折伏され日蓮正宗に入信した。折伏とは、悪人・悪法を打ち砕き、迷いを覚まさせ、仏法に導くことを意味する。

１９４３年の第二次世界大戦中に、戦争への動員や国家神道への転向を推し進める政府に反対し、治安維持法違反や不敬罪容疑で牧口と戸田をはじめとする21人の幹部が捉えられ投獄された。１９４４年に牧口は獄中で死去することとなる。１９４５年7月に出獄した戸田は学習塾の経営などを行った。１９４６年から「創価教育学会」ではなく「創価学会」と名乗り、会長不在のまま再建に向けた準備をすすめていった。そこに戦前からの会員であった教員グループが集まり、追って実業家の会員グループも合流をしてきた。出版社である日本正学館や市街地信用組合である東京建設信用組合、金融の大同商事などを経営しながら戸田は法華経講義を重ね、1949年までに150人以上が受講した。戸田は創価学会の役員を指名する中で若手を重用し、組織拡大のために青年部を結成した。池田大作は日蓮正宗に1947年東京昭倫寺にて入信し、戸田の経営する日本正学館に1949年に入社した。

1951年4月に創価学会機関紙として聖教新聞が創刊された。その翌月、聖教新聞一面に「学会大躍進の前兆か！」と大きなタイトルと戸田を会長にしようと会内が盛り上がっているという記事を載せ、盛り上がりと共に戸田が会長に就任する。戸田の執筆による「人間革命」の連載も聖教新聞でこのころより始まった。宗教法人法が成立した翌年の1952年に東京都知事より宗教法人の認証をうけ、創価学会は宗教法人となった。当時の創価学会の会員数は3000人程度だったが、戸田の号令で「折伏大行進」と言われる勧誘行動が開始。当初の戸田の目標は75万世帯であったが、開始から6年後の1958年には100万世帯を超える会員数となった。1964年に公明党を結党するころには524万世帯の会員数を確保した。当時は他宗教を邪宗と罵るなど過激な言葉が戸田より発せられていた。

1954年から創価学会内で文化部を発足。文化部は後に政治部となり公明党につながる。地方選挙に1955年から候補者を擁立し、1956年の参議院議員選挙にも擁立し3名を当選させた。初期の選挙では選挙違反で多くの逮捕者も出した。同年の参議院選挙が終わった8月に戸田は日蓮正宗大石寺法主の日淳に「将来、もし学会が大きくなって、宗門に圧力をかけたり、あるいは内政干渉をするようなことがあったら、いつでも解散をお命じ下さい」と誓った。その後1958年に戸田は日蓮正宗大石寺に大講堂を寄進し建立された。その功績を称えられ日蓮正宗の信徒の頂点とされる法華講総講頭に任命されるも、同年急逝した。創価学会はその後二年間の会長空席が続き、1960年に池田大作が第三代会長に就任する。

公明党の設立

1961年11月に文化部から転換する形で公明政治連盟が立ち上がった。当時の創価学会の会員の中には国会議員も地方議員も在籍しており、何故政治連盟を立ち上げるに至ったのかというと、宗教活動と政治活動を分けることを目的とされたからである。

1964年4月に池田大作が日蓮正宗の法華講総講頭に任命される。その年の11月17日に公明党結成大会が行われ、公明党が結党された。政治連盟から政党になったのは、池田大作が「公明政治連盟を一歩前進させたい」と発言を行ったことに起因する。委員長には元小学校教諭で参議院議員の原島宏治が就任し、275名の地方議員と9名の参議院議員が所属した。しかし、原島は結党直後の12月に急逝し、二代目委員長には同じく小学校教諭出身で参議院議員の辻武寿が就任した。

1965年の参議院選挙では定数125名のなか11名当選、1967年の総選挙では定数

486名の衆議院議員に25名当選、1968年の参議院選挙では定数125名のなか、13名当選と次第に党勢拡大が進んでいった。

自民党との関係、言論出版妨害事件

結党宣言では宗教色を前面に「公明党は、王仏冥合・仏法民主主義を基本理念として、日本の政界を根本的に浄化し、議会制民主主義の基礎を確立し、深く大衆に根をおろして、大衆福祉の実現をはかるものである」と規定した。王仏冥合とは創価学会が掲げる言葉で、政治や一般社会に仏法を取り入れ宗教的価値を社会に反映させていくという意図の言葉である。

当初の公明党は、55年体制で与党自民党と野党社会党の対立が続く中、両側に対し批判的な中間的立場をとり、腐敗政治と闘うといった姿勢や「大衆」という言葉を多用し創価学会の会員層を強く意識したメッセージを打ち出していた。

1968年の参議院選挙まで順調に議席を増やしてきた公明党だが、1969年に大きな契機が訪れる。12月にテレビで政見放送がはじめて行われ野党同士が都市部で乱立し激しく競り合う総選挙があった。選挙期間中にNHKで行われた選挙討論番組で、共産党の出演者が公明党は創価学会に批判的な出版に対し圧力をかけ止めていると暴露した。共産党の主張では1969年11月に出版された明治大学の藤原弘達教授の書いた『創価学会を斬る』に対して出版差し止めを行ったということだった。後に言論出版妨害事件と呼ばれる事件である。

共産党のウェブサイトには１９９９年10月28日に以下のように記載されている。

たとえば政治学者・藤原弘達氏の『創価学会を斬る』の場合、公明党委員長の要請で田中角栄自民党幹事長（当時）が著者に出版の中止を求め、「初版分は全部買い取ろう」と圧力をかけました。著者は出版の意思を崩しませんでしたが、大手取次店が全国への配本を断り、一般紙も広告掲載を断り、国鉄・私鉄も中づり広告を断るなどの事態が引き起こされました。また、この本を直接出版社からとりよせた書店も、脅迫、いやがらせを受けました。

このほか出版妨害を受けた主な著書には、『公明党の素顔』（内藤国夫著）、『これが創価学会だ』（植村左内編著）、『創価学会・公明党の破滅』（隅田洋著）等があります。

当時、創価学会をタブー視していたマスコミが事件を報道しないなかで、日本共産党は憲法と民主主義にかかわる重大問題として、「赤旗」紙上をはじめＮＨＫ討論会や国会などで徹底追及。国民の世論が沸騰し、当初、「事実無根」などと否定していた創価学会・公明党も、ついに七〇年五月、池田大作会長（当時）が「結果として」というあいまいな形ながら「言論妨害と受け取られ、関係者の方々に圧力を感じさせ、世間にも迷惑をおかけしてしまった」と事実を認め、「猛省」を表明しました。またその際、創価学会の戒壇を国会の議決でつくるという「国立戒壇」を否定するとともに、公明党を分離すると公約せざるをえませんでした。しかし、現在でも創価学会・公明党の「政教一体」の実態は変わっていません。

創価学会の青年部のsoka youth media上でも２０２２年12月20日に言論出版妨害事件に対する反論が掲載されている。一部をここで紹介する。

『創価学会を斬る』は、同年12月27日に実施される第32回衆議院議員選挙の直前に発刊される形になりました。そして、同著の刊行に際して創価学会・公明党が言論弾圧を行ったと大きく取り上げたのが日本共産党です。

日本共産党は、同年12月13日のＮＨＫの選挙特集番組の中で、この一件を取り上げて以降、機関紙『赤旗』で大キャンペーンを張り、衆議院選挙（同年12月27日）の期間中に「赤旗」の号外ビラを全国で配布しました。また、共産党と関係の深い文化人・知識人、同党系の諸団体を動員してのシンポジウムや声明発表なども盛んに実施しました。

保守系の評論家とされていた藤原氏の言説に、なぜ共産党が素早く反応したのか。このことについて佐藤優氏は、「共産党は『創価学会を斬る』を扇動の道具として最大限に活用し、その刊行を創価学会と公明党が妨害したとする宣伝を徹底的に行った」（『池田大作研究』）と評しています。

また、大宅壮一氏は「題名からして、『創価学会を斬る』という表現を用いていることは、明らかに初めから創価学会への挑戦であり（中略）しかも、奥付の発行日が昭和44年11

月10日ということは、衆議院選挙まであと１ヶ月と18日、選挙戦における秘密兵器の効果を狙ったと思われてもいたしかたのない時点で刊行されている。これは重大な問題である」
「今度の事件が、タレントとしての藤原弘達の視聴率を高めたことは事実である。だが、視聴率を高めたとしても、信頼度を高めたかどうかは疑問だ。評論家として大事なことは信頼度の有無なのである」（『現代』70年３月号）と述べています。

（＊soka youth media「言論・出版問題」について）

共産党、創価学会と両者は事件から相当な時間が経過したにもかかわらず話題にしている。両社の間には根の深い対立があると言える。１９６９年の総選挙で公明党が議員数を増やしたことで、その後に招集された国会においても言論出版妨害事件は話題に挙げられ、共産党や民社党から激しく公明党は批判されることとなる。言論出版妨害事件の話題が膨れた１９７０年、池田大作は創価学会と公明党を明確に区別すべく、「政教分離」の方針を示し、公明党議員が創価学会と役職を兼務しないことや創価学会は公明党の支持団体となることを決め、池田大作自身の政界進出も明確に否定した。

１９７０年の予算委員会や法務委員会で共産党をはじめとする野党が言論出版妨害事件について取り扱い公明党を責め、紛糾するなか、助け舟を出したのが自民党である。自民党は総選挙で大勝し、３００議席を獲得し絶対安定多数を得ており全委員会の委員長も握っていた。池田大作の証人喚問を野党側から要求されたが、これも自民党が受けなかったため実現されなかった。また、共産党が記載しているように当時の公明党委員長の要請で、当時の自民党幹事長であった田中角栄が動いたことも公明党をかばうことにつながった。共産党は1970年2月18日に行われた本会議の代表質問で米原昶（よねはらいたる）が次のように田中角栄自民党幹事長の責任を追及している。

最近広く問題になっているように、評論家の藤原弘達氏及び出版社が、藤原氏の著書「創価学会を斬る」の出版にあたって、公明党及び創価学会から事前に出版の中止や、内容の変更、原稿の検閲などを要求されていたり、出版後もこれを一般の書籍販売ルートから締め出すような圧力が加えられるなど、重大な出版妨害を受けたことを訴えております。その中に、昨年十月、田中幹事長から、公明党竹入委員長の依頼だとして出版中止の勧告を受け、さらに出版される著書を全部公明党が買い取るという形でこの書物をやみに葬るという話をされたとの訴えがあります。これについて、田中幹事長は、公明党との関係はぼかしながらも、おせっかいをやいた、として、介入の事実そのものは認めております。もし介入の内容が藤原氏の訴えどおりであるとすれば、田中幹事長の行動が出版妨害、言論買収の行為であることは明白であります。

（＊第63回国会 衆議院 本会議 第5号）

共産党の代表質問に対し、当時の内閣総理大臣である佐藤榮作は次のように返答し、言論の自由は守るが個別の事案については応じないという態度を次のように答弁した。

私は、施政方針演説で申し述べましたとおり、民主主義は国民のためのものであります。その民主主義は、言論の自由と暴力の否定によってこそ健全な発達を遂げるのであります。社会党の成田委員長にもお答えいたしましたとおり、言論・出版の自由は憲法上保障された権利であり、政府としては、言論や出版が不当に抑圧されることのないよう十分配慮をしなければならないと考えます。これが基本的態度であります。いろいろこの席から個人の名前等もあげられましたが、こういうことこそ慎んでいただいたほうがいいのではないか。（発言する者あり）実は、これは私の簡単な所見でありますが、かように申し上げておきます。私の感じをただいまのようにやじって圧迫されないように、それこそ言論の圧迫だと、かように考えます。

（＊第63回国会 衆議院 本会議 第５号）

自民党によって守られた形となった公明党は１９７２年の日中国交正常化では田中角栄総理に協力するなど田中角栄政権に協力的であった。しかし、その後は１９７３年には東京都において共産党と社会党が推薦し自民党と敵対する美濃部亮吉都知事と連携し、１９７９年には民社党と中道革新連合政権構想をすすめ、１９８０年には社公民の連合政権構想を打ち出し自民党政権打倒を打ち出し、自民党との距離を縮めるそぶりは見せなかった。

1989年7月の参議院選挙で宇野宗佑総裁率いる自民党が大敗し、自民党史上初めて参議院で単独過半数割れを起こし宇野が退陣。翌月の8月に行われた自民党総裁選で海部俊樹が総裁に任命され海部内閣が組閣され、小沢一郎が自民党幹事長となった。幹事長となった小沢は参議院の過半数工作のため、野党とも関係の深かった金丸信を通じ民社党や公明党への協力を求めることとなった。この時に、当時公明党書記長であった市川雄一と小沢一郎の「一・一ライン」が形成される。小沢一郎としても参議院対策として参議院で十議席の民社党よりも二十一議席を持つ公明党と組んで過半数維持をすることが狙いであった（＊1989年12月21日 東京読売新聞 朝刊）。

激動の創価学会、公明党と自民党の全面対決

創価学会は1974年から日蓮正宗との仲違いが始まり、日蓮正宗の公式ウェブサイトにも掲載されている創価学会関連年表では1974年に次のようにある。

「創価学会　宗門（日蓮正宗）支配を画策」

（＊日蓮正宗ウェブサイト）

と記載されている。創価学会と日蓮正宗は何度か仲違いと関係修復を繰り返すも、1991年

11月に日蓮正宗は創価学会に解散勧告を出し、同月創価学会を破門としている。翌１９９２年には池田大作を信徒除名処分としている。

１９９３年になると大きな政変が起こる。宮澤内閣に対する不信任決議案が提出されると、小沢一郎ら自民党羽田派議員は造反し不信任決議に賛成し総選挙となった。小沢らは総選挙に新生党として臨み、第40回衆議院選挙で自民党を下野させるまでに至った。細川連立政権発足の大きな要因は小沢一郎が起こした自民党の分裂である。また、自民党から公明党とのパイプ役を果たしていた小沢がいなくなったため、自民党と公明党の対立は激化した。自民党は小沢らの離反で初めて下野し野党となった。公明党は細川連立政権に４人の大臣を入閣させた。自民党を離反した小沢と同調したのが当時の公明党だった。旧田中派を通じて経世会から小沢一郎に受け継がれた関係は公明党の市川雄一との一・一ラインとして機能していた。

下野した自民党は議会では与党を批判する役回りになるわけだが、与党にいる公明党に対しても厳しく批判し、政教一致ではないかと追及した。第１２８回国会衆議院予算委員会では自民党の越智通雄が創価学会との関係について踏み込んだ質疑を行った。

越智通雄はまず公明党委員長で、当時の総務庁長官であった石田幸四郎に質疑を行い、池田大作が公明党と創価学会の分離をすすめたはずだが、公明党が選挙運動の時に創価学会施設を活用しており、選挙運動員も創価学会員を動員していることは創価学会と公明党が混然一体となっているのではないかと質疑を行った。

石田は公明党と創価学会はあくまで政党と支持団体の関係であると述べている。続けて石田は憲法二十条、八十九条にある政教分離の原則に触れ、憲法に違反していることは無いと主張した。越智は続けて、政治改革法案の中で公的助成等がなされるなか、宗教団体の会員や建物を無償でつかえることは大きな不公平を生むと懸念を指摘した。この点は、創価学会と公明党の関係に関わらず、宗教団体と政治の癒着構造につながる重要な論点である。

同年、与党であった日本社会党の関晴正からも予算委員会で創価学会に対する厳しい質疑がなされている。日蓮正宗と創価学会が全国いたるところでケンカしており、その原因が創価学会員による強引な勧誘によるものということである。また同質疑で日蓮正宗の代表に当たる阿部日顕が芸者遊びをしている現場の写真を創価学会の機関紙である創価新報に掲載した件について、その写真が古希のお祝いに夫婦で参加している宴席の様子を一部切り取ったものであったと指摘している。そのような行為をする創価学会の宗教法人資格をはく奪すべきではないかと責め立てたのだ。日蓮正宗と創価学会が全国いたるところで揉めていたのは、1991年に日蓮正宗を破門された創価学会から出て行った会員を呼び戻すためなどで激しく争っていたことが要因である。

共産党の筆坂秀世からは2022年から始まる統一教会問題でも話題にされることが多かったフランスのヴィヴィアンレポートについても質問がなされ、文化庁の小野元之にヴィヴィアンレポートで指摘された3点の問題は何かと説明を求めた。小野は「フランス日蓮正宗の金銭上の疑惑につきまして、会員に金銭を支払わせるための圧力、それから集められた資産について監査を要求する会員への暴力、それから日蓮正宗ヨーロッパインスティチュートと日蓮正宗フランスの間の経理区分のあいまいさ、この三つについて指摘がなされている」と答えている。

反創価学会は議会外も巻き込む形で更に激化し、1994年5月に反創価学会を明確に示す宗教団体や学者・文化人の有志によって四月会が結成された。

信教の自由を守る会結成　俵孝太郎さんを代表に「四月会」
宗教団体や学者・文化人の有志らが十二日、都内のホテルで会合を開き、信教の自由を確立する各界懇話会「四月会」（俵孝太郎・代表幹事）を結成した。出席者は俵氏のほか、北野弘久・日大法学部教授や布施浩志・立正佼成会佼成平和研究所理事など宗教関係六団体の代表ら計約四十人。

（＊1994年5月13日 東京読売新聞 朝刊）

代表に元産経新聞政治部記者の俵孝太郎を据え、反創価学会・公明党を掲げて四月会が結成された。俵幸太郎の祖父は政治家であり、親の代から続き小泉純一郎とも親交が深かった。
1994年6月23日、四月会が設立されて一か月後に行われた総会には自民党の河野洋平総裁、社会党の村山富市委員長、新党さきがけの武村正義代表が揃って参加し、一様に宗教団体である創価学会が公明党として政権に深く関わっている状態を批判した。
四月会が総会を行った94年6月、細川政権を引き継ぐ非自民非共産政権の羽田内閣が4月に組閣されたばかりにも関わらず、政権内の社会党の影響力を削ごうとする小沢一郎らの動きに、政権内で反発が起こり、社会党と新党さきがけが離反し崩れた。羽田政権が倒れ、6月30日に自民党と社会党・新党さきがけが連立する形で村山内閣が組閣された。
政権交代によって公明党が野党に転じたにも関わらず、創価学会批判の動きは止まらなかった。同年9月に四月会は大阪で公開シンポジウムを開いた。俵をはじめパネリストが公明党と創価学会は一体であると批判を行った。シンポジウムには自民党議員や新党さきがけから前原誠司議員も出席をしていた（＊1994年9月27日 大阪読売新聞 朝刊）。
その後も次の記事の通り、公明党と創価学会への批判は変わらず続いていく。

村山政権発足後初の衆院予算委員会での論戦は、公明党が自民党閣僚に関する疑惑を追及し、自民党も公明党の支持母体である創価学会批判を一段と強めているため、自民党対公明党・創価学会の〝遺恨試合〟の様相さえ見せ始めている。公明党は十二日の衆院予算委で、冬柴鐵三氏が政府側に政教分離原則の見解を求めるなど、攻勢に転じようとしているが、池田大作・創価学会名誉会長らの証人喚問問題を抱え、苦しい対応を迫られている情勢に変わりはない。野党の統一会派「改革」内には新・新党への影響を懸念する声もあり、公明党内には困惑も広がっている。

（＊1994年10月13日 東京読売新聞 朝刊3面）

オウム真理教事件から宗教団体への風当たりも強まり、池田大作の参考人招致も議題に上がっていた。同年11月には創価学会批判に対して、創価学会青年部が東京ドームで反論集会を行った。反論集会には5万5千人が参加し、「ストップ・ザ・人権侵害」をテーマにした記念総会を開き、「信教の自由を守るために権力による宗教への不当な介入と断固戦い抜く」との趣旨のアピールを採択し、創価学会の結束力の強さを世間に示した（東京読売新聞 1994年11月6日号 朝刊）。

1994年末には自社さ連立によって政権を取られた非自民非共産の野党勢力で結集し新進党が結成された。公明党も新進党に合流するのだが、段階的参加となった。先に選挙のある衆議院議員と参議院議員の改選組らが公明新党に分党し、公明党は残した状態で公明新党のみ合流というかたちをとったのだ。公明党は合流するその他の政党と異なり、多くの地方議員を抱えており、地域によっては自民党と連携している議会もあったため、まとめて政党を合流させることには内部抵抗があった。1995年に行われた参議院選挙で新進党は19議席から21議席増の40議席獲得と躍進をみせ、改めて創価学会の組織力の強さを世間に知らしめた。

参議院選挙における新進党の躍進が悪い方向にも進んだ。1995年はオウム真理教事件の影響もありはじまった宗教法人等に関する特別委員会で、自民党や共産党から創価学会に対してより強い追及が行われることとなった。宗教法人法改正の議論が加熱し行われるなか1995年10月には池田大作の参考人招致問題も熾烈を極めた。

言論出版妨害事件の際は田中角栄と佐藤栄作ら自民党に助けられたが、1995年の宗教法人法改正に際しての池田大作国会招致は自民党が率先して行っていた。

池田大作の参考人招致について大詰めとなる1995年11月28日、参院宗教法人特別委員会が開かれる時に佐々木満委員長のいる委員長室を新進党議員や秘書らが取り囲む人的バリケードによって5時間にわたって閉じ込めた。結局その日の委員会は委員長が出席できず散会となり、人的バリケードは解かれた。佐々木委員長は29日午後の審議途中、急きょ「健康上の理由」で委員長の辞任を申し出た。その後、参議院自民党は佐々木委員長を更迭した（＊1995年11月30日 朝日新聞 朝刊）。

騒動を受け、自民党は池田大作の参考人招致を諦め、当時の創価学会会長であった秋谷栄之助を代わりとして参考人招致している。秋谷は宗教法人法の改正に対し反論した。その中で改正法案の中に入っていた情報開示について次のように答えている。

「宗教団体の自主的運営を尊重することが憲法上の原則であり、その意味からも法律で一律に強制する発想は大きな誤りであると思います。明朗な運営をするためにどのような方法をとるかは、各宗教団体がみずからの責任において自主的に決めるべきことであります。また、広範囲の者を対象とする開示制度は、他の公益法人にも例のないことであり、宗教法人だけに突出したものとなってしまいます。

（＊1995年12月4日 参議院 宗教法人等に関する特別委員会）

与党に戻っても公明党への批判を自民党が止めなかった要因はその集票力、組織力の強さが脅威と捉えられたことが大きな要因である。

自民党も公明党と創価学会の基盤に負けないようにと、自社さ政権となった95年には友好的な宗教団体の行事へ党幹部の参加が確認されている。当時の橋本龍太郎自民党総裁は「仏所護念会教団」創立四十五周年記念式典への参加、崇教真光の秋季大祭には亀井静香自民党組織広報本部長や田村元前衆院議長らが参加し祝辞を述べている（＊１９９５年11月８日号 東京読売新聞 朝刊）。

こうして宗教法人法改正議論と共に、創価学会と公明党は批判にさらされ続けていた。一連の反創価学会の動きは新進党内の小沢一郎と公明党議員を取り仕切ってきた市川雄一の関係にも亀裂を生じさせた。宗教法人法改正の中で創価学会に対する批判が激化する中、新進党党首の海部俊樹と幹事長であった小沢一郎らは創価学会と新進党が一体となっているという批判を避けるために、政務会長の市川雄一と国会運営委員長にあった神崎武法を役職から外した。１９９５年12月に新進党では海部俊樹党首の後継を決める党首選が行われ、小沢一郎が羽田孜を破り代表に就任した。小沢新体制のもと党三役が刷新されたが、またしても市川雄一も役職に入らず、旧公明党系議員は明らかに冷遇された。１９９６年10月に衆議院選挙が行われる頃には新進党内部の亀裂は決定的となっていた。

１９９７年11月に公明党から段階的に新進党に加わるはずだった段取りは白紙とされ、公明党が独自で１９９８年の参議院選挙に挑むことを決定。新進党は創価学会を後ろ盾にした集票力を失い、解党が決定的となる。12月に小沢一郎が再度党首選で勝つも党内はまとまらず、同月31日に新進党は解党することとなる。公明党系議員は一部自由党に残るものもいたが、衆議院議員は「新党平和」、参議院議員は「黎明クラブ」となり新進党から分裂した。

自公連立政権の誕生

1998年自民と公明の関係は変わり始める。前年に新進党が解散すると、参議院での議席不足に備えて橋本龍太郎総理総裁が率いる自民党執行部は公明党との関係修復に動き出す。3月14日には講演で自民党幹事長であった加藤紘一が「新党平和、公明とは信頼関係を回復し得る。平和や福祉の問題で話し合い、財源に責任を持つ与党の基盤の上で、許される範囲で合意に至る政策があれば、しっかり受け止めたい」と秋波を送った（＊1998年3月15日 東京読売新聞 朝刊）。

1998年4月自民党議員や機関紙において池田大作に対して言及し批判していた内容について、自民党から謝罪し公明党と和解した。同月21日には自民党機関誌である自由新報で与謝野馨広報本部長が事実誤認の内容を掲載してきたことに対し遺憾の意を示した謝罪記事を掲載した（＊1998年4月21日 東京読売新聞 朝刊）。

1998年7月の参議院選挙で自民党は大敗を喫し橋本龍太郎総理が辞任した。惨敗の要因として、創価学会との関係改善を行ったことで、他の宗教団体の支持が離れたことも要因として挙げられている。自由新報に公明党と創価学会に向け謝罪記事を掲載したのち、創価学会に批判的な文化人や立正佼成会、霊友会、仏所護念会教団など自民党支援の宗教団体の代表らでつくる四月会から猛反発があったと新聞でも報じられている（＊1998年4月29日 東京読売新聞 朝刊）。

橋本龍太郎内閣の後、小渕恵三内閣が発足する。小渕内閣は発足後から参議院で過半数を持てず、ねじれ国会の状況からスタートとなった。一方で公明党グループは1998年11月7日に分かれていたグループが合流して、新しい「公明党」となった。自民党はねじれ状態解消に向け自由党と公明党に協力を求め、1999年1月にまず自民・自由連立の小渕第一次改造内閣が立ち上がった。長年対立関係にあった小沢一郎と自民党で手打ちとなった結果である。

自民党・自由党と連立が組まれたが参議院では与党過半数割れが続き、1999年10月に公明党も連立に参画することで自自公連立の小渕第二次改造内閣が立ち上がった。

自自公連立内閣は2000年4月1日、自由党内で連立維持か連立離脱かで分裂し、崩れることになる。その晩、小渕恵三総理が脳梗塞で倒れた。小渕の回復が見込まれないため、4日に小渕内閣は総辞職することとなり、森喜朗内閣が誕生する。自由党内で連立に残る議員、扇千景、野田毅、二階俊博、小池百合子らは保守党を結成し自公保連立内閣となった。2003年11月の小泉内閣の時に保守党が自民党に合流し、自公政権が誕生した。

2000年5月に小渕恵三が急逝し、森喜朗内閣になると自公関係に大きな変化が生じた。これまで自民党と公明党は言論出版妨害事件を機に田中角栄からの流れで経世会と続き、平成研究会こと小渕派が担ってきた。その小渕派は党内の勢いを失ってしまう。ポスト森喜朗の争いなどを通して派内が割れると、小泉内閣が組閣される頃には重要閣僚から旧小渕派の議員は消えた。さらに2004年日本歯科医師連盟を舞台にした汚職「日歯連事件」が起きると、平成研究会の幹部議員や会計責任者らが立件され、2005年8月の小泉郵政解散では小泉総理と野中広務ら平成研究会幹部で深刻な対立も起こった。郵政選挙で自民党が大勝すると、自民党内派閥構成で平成研究会は最大派閥の座を清話会に奪われてしまった。

これまで、ハト派親中路線にあった平成研究会からタカ派親米路線の清和政策研究会に自民党内の主導権が移ったことで、公明党が対応に苦慮する創価学会会員と合わない政策と向き合うことが多くなった。

変化する創価学会と公明党

政界で自公関係ができあがっていく中、創価学会でも大きな変化が起こる。アメリカのノースカロライナ州立大学哲学・宗教学部教授のレヴィ・マクローリンは著書「創価学会 現代日本の模倣国家」で次のように指摘している。

２００２年に創価学会は会則を変更した。以後、牧口、戸田、池田は第三代会長と呼ばれ、運動を創設した三代目の会長として、広宣流布の永遠の師匠とされることとなった。この新しい会則の前文は、創設者三人の貢献を説明している。（中略）二〇〇二年会則の第二章には、池田より後の学会会長の役職は純粋に運営的なもの（統理）だと述べている。こうした規定は、団体のカリスマ的な指導力は池田大作と共に終わるということを明確にしている。

（＊マクローリン ２０２４）

２００２年の改正で牧口・戸田・池田を「三代会長」と位置づけ、絶対的な存在としている。現在の創価学会会則前文には次のように書かれている。

学会創立の先師初代会長牧口常三郎先生、地涌７５万の恩師第二代会長戸田城聖先生、世界広布の大師匠第三代会長池田大作先生の「三代会長」は、大聖人の御遺命である世界広宣流布を実現する使命を担って出現された広宣流布の永遠の師匠である。「三代会長」に貫かれた「師弟不二」の精神と「死身弘法」の実践こそ「学会精神」であり、創価学会の不変の規範である。日本に発して、今や全世界に広がる創価学会は、すべてこの「学会精神」を体現したものである。

（＊創価学会 会則［２０２４］）

用語の補足をすると、「師弟不二（していふに）」とは、創価学会のsoka youth mediaによると次のようなものとなる。「師匠と弟子は、別々の存在でありながら、一対一の関係で結びつき、同じ思いで信仰に励む姿を表しています。」「死身弘法（ししんぐほう）」とは、創価学会教学用語によると「仏法流布の精神を示したもので、身を賭して法を広めることをいう。」となっている。

ここで教義の内容について深く解説することはしないが、上記会則のもと三代会長を絶対的な存在とし、創価学会も新しい組織となっていく。公明党は1970年に池田大作が人事面で公明党と関係を断つと宣言してから30年以上が経過し、創価学会と公明党で一定の距離が空いたため、創価学会と公明党で連絡協議会が設立され政策要求などが連絡協議会で行われるようになった。2001年のPKO参加五原則の見直しなどについて連絡協議会で話し合いが行われたことが以下のように報道されている。

公明党は十日、東京・南元町の公明会館で支持母体の創価学会との連絡協議会を開き、政策課題などを協議した。創価学会の野崎勲副会長は、国連平和維持活動（PKO）参加五原則の見直しについて「憲法の考え方が五原則の基本に貫かれている」と述べ、慎重な姿勢で臨むよう求めた。太田昭宏・党国会対策委員長も「厳密に精査し、慎重に論議を進める」と応じた。

（＊2001年12月11日 東京読売新聞 朝刊 4面）

総選挙で民主党への政権交代が起こった後も、連絡協議会で新しく公明党の代表となった山口那津男が挨拶する様子を公明党チャンネルのYoutubeにアップされ公開されている。この政権交代後も公明党は自民党との協力を止めなかった。2012年12月の総選挙で議席を取り戻し、自民党と公明党は再び連立政権を樹立し協力を続けた。
第三次安倍内閣となり、２０１５年に安全保障関連法制の議論が沸き起こる。安全保障関連法制は自衛隊の役割拡大や、密接な関係にある他国が攻撃された場合の存立危機事態への対処に関する法制の整備を指す。野党からは戦争法とも批判され、テレビメディアでも連日のように議論が起こった。平和の党を掲げる公明党と創価学会でも多くの議論が起こった。公明党は最終的に安全保障関連法制を支持することに決めるが、支持母体である創価学会からは強い批判も起こり、創価学会員たちから公明党へ多くの抗議が行われた。

創価学会の池田大作名誉会長が創立した創価大と創価女子短大。教員や卒業生らが１１日、安保法案に反対する「有志の会」を設立した。声明は戦時中に弾圧を受けて獄死した牧口常三郎・初代会長に触れ、「いかなる圧迫にも屈せず、民衆のために声をあげること。これこそが創価教育の魂」などとしている。13日現在、氏名を公開した学校関係者だけで２００人以上が署名を寄せている。（中略）

（＊２０１５年８月14日 朝日新聞 朝刊 31面）

安倍内閣のもと、公明党は支持母体である創価学会員からの多くの反対を受けつつも、安全保障関連法制を通したのである。一方で、生活に関わる消費増税となると強かな姿勢も見せる。安全保障関連法制を支持したかわりに、公明党は軽減税率の導入を強く主張し実現させた様子が報道されている。

今回の与党協議で、公明党は一貫して強気の姿勢を示し続けてきた。その背景には、「福祉の党」を掲げる公明党が、低所得者対策の軽減税率で妥協すれば、党の存在感が埋没しかねないとの焦りがあったためだ。支持母体の創価学会からは「対象品目が中途半端ならば、来夏の参院選での選挙協力はあり得ない」（幹部）との声も上がっていた。

公明党内には、今年9月に成立した安全保障関連法では、自民党が主張する集団的自衛権行使の限定容認を受け入れ、成立に導いたとの思いが強い。公明党幹部の一人は「安保関連法で自民党に協力したのだから、軽減税率では自民党が譲る番だ。連立政権は貸し借りの関係だ」と話す。

（＊2015年12月11日 東京読売新聞 朝刊 33面）

公明党は大衆福祉を掲げる党である。生活に直結する政策ではしっかりと党の要求を自民党に呑ませている。党としての活動が支持母体である創価学会員に向いていることは間違いないが、創価学会員から否定されることも政党として推し通す姿勢がみられる。政党政治の側面からは創価学会から独立しているようにみえる。

しかし選挙となると話は変わる。公明党候補者への支援を決める機能は創価学会中央社会協議会や各都道府県社会協議会等によって担われている。支持母体である創価学会から支援が無ければ当選することは適わないため、重要な部分は創価学会に握られている事実は変わらない。創価学会ウェブサイトに２０２２年１月28日に投稿された記事には次のように記述されている。

国や地方自治体の選挙に関する創価学会の対応は、中央社会協議会や各都道府県社会協議会等で検討し、決定することになっています。その際の判断基準は、予定候補者の「所属政党」ではなく、あくまで「人物本位」であり、予定候補者個々の政治姿勢、政策、人格、見識、これまでの実績、及び学会の理念に対する理解などを考慮して、選挙のたびごとに、その都度、創価学会として主体的に評価し、判断することが従来の原則であります。

（＊創価学会ウェブサイト）

人物本位としながらも上記文書内に「学会の理念に対する理解」と文中に入っている。公明党と創価学会は根幹の部分では離れられない仕組みとなっている。２０２４年９月に行われた総選挙においても同ウェブサイトにて中央社会協議会から公明党候補者への支持を決定する記事が出されている。

２０２３年11月15日、創価学会名誉会長の池田大作が老衰にて自宅で死去し、創価学会の運営に影響を与えるなど報じられた（＊２０２３年11月19日 東京読売新聞）。創価学会について現在内部でどのような変化が起こっているかは不明であるが、２０２４年末時点で公明党について特段の変化は見られない。

＊参考文献：
日本共産党ウェブサイト『創価学会・公明党の言論出版妨害事件とは？』
https://www.jcp.or.jp/faq_box/001/991028_faq_komei_sg.html
soka youth media「言論・出版問題」について
https://www.sokayouth-media.jp/2255782.html
日蓮正宗ウェブサイト
https://www.nichirenshoshu.or.jp/jpn/soka-j.html
創価学会ウェブサイト
https://www.sokagakkai.jp/news/2303778.html
島田裕巳［2023］『新宗教 戦後政争史』朝日新書
櫻井義秀［2024］『宗教と政治の戦後史　統一教会・日本会議・創価学会の研究』朝日新書
高橋篤史［2018］『創価学会秘史』講談社
レヴィ・マクローリン［2024］『創価学会 現代日本の模倣国家』講談社選書メチエ

第7章

政治と宗教のかかわり

総合教育出版編集部

旧統一教会問題は2022年7月8日の安倍晋三元総理銃殺事件から始まり、信徒から過剰な献金を集める旧統一教会の体質などが問題となるなか、複数の自民党議員と旧統一教会の関係性についても問題となり閣僚交代などにつながった。

旧統一教会による会員への過剰献金による被害者救済を巡っては「特定不法行為等に係る被害者の迅速かつ円滑な救済に資するための日本司法支援センターの業務の特例並びに宗教法人による財産の処分及び管理の特例に関する法律（財産管理特例法案）」が国会で可決された。この法案では、解散命令の請求が行われるか、又は事件の手続きが開始された宗教法人に対し、主に次の2点を規定している。

①被害者が相当多数と見込まれること
②所轄庁として、財産処分・管理の状況を把握する必要があること

これらの要件に当てはまる場合は「指定宗教法人」、財産の内容・額、財産の処分・管理の状況等を考慮して、財産の隠匿・散逸のおそれがある法人を「特別指定宗教法人」に指定するとしている。1995年のオウム真理教事件の際には宗教法人法を改正したが、旧統一教会問題では特例法での対応となった。

自民党自体は旧統一教会との問題を受け、党のガバナンスコードに「組織・団体との責任ある関係の確保」を追記し改正した。

原則5－4組織・団体との責任ある関係の確保

党所属の国会議員は、活動の社会的相当性が懸念される組織・団体からの不当な政治的影響力を受けること、または、その活動を助長すると誤解されるような行動について厳にこれを慎むものとする。党本部はこれら組織・団体に関する党所属の国会議員からの照会に対応する体制を整備する。

（＊自由民主党ガバナンスコード［2022］）

そして、旧統一教会こと世界平和統一家庭連合に対し、宗教法人法に則って解散命令請求が東京地方裁判所に提出された。本書執筆時点では未だ審理中である。政治的対応は主に3つ行われたわけであるが、何故過去にメディアで大きく報道され国会でも議論が行われた宗教団体が接近することを自民党は許してしまったのか戦後政治から宗教との関係を辿って見直していきたい。

新宗教教祖も当選した第一回参議院議員選挙

1946年、大日本帝国憲法を改正する形で11月3日に交付され、翌年の1947年5月に現行の憲法が施行された。あわせて1947年4月に新しく設置された参議院で第一回参議院議員選挙が実施された。任期は同年の5月3日から開始で当選順位によって3年改選組と任期6年組とに分けられた。

第一回参議院選挙は各都道府県別の中選挙区制と全国区の大選挙区制が行われている。２０２４年現在行われている参議院選挙は各都道府県別地方区の中選挙区制と全国区の比例代表制の非拘束名簿方式であるが、参議院選挙の大選挙区制は１９８０年まで実施された。

大選挙区制は政党に縛られることなく、単純に全国区で得た票数の順位によって当落が決まる選挙であり、必然的に宗教団体が票数を獲得しやすい選挙であったため、宗教団体から擁立された候補者が多く立ち、実際に当選している。

新宗教団体系候補で当選した議員には、１９０４年に創始された新宗教の一灯園の開祖であった西田天香や生長の家教育部長であった矢野酉雄、天理教は天理教教師の堀越義郎と天理教分教会長の柏木庫治ら二名が参議院議員に当選した。日本国憲法施行後の当初は今のように政党がまとまっておらず、候補者が乱立していたこともあり、また大選挙区制という宗教団体が票を募りやすい選挙制度でもあったため、宗教団体は自ら候補者を立て政治に参加していた。この頃は宗教団体が直接候補者を立てて影響力を発揮することができた。

55年体制が固まる頃までは政治的影響力を発揮するには、参議院全国区で候補者を当選させることが宗教団体にとって最もシンプルな政治関与であった。しかし、この第一回参議院選挙以降しばらくは宗教団体の目立った動きはみられなくなった。

自民党結党直後に起こった宗教問題

自由民主党は1955年11月15日に日本社会党に対抗するために自由党と日本民主党が合同し立ち上がった。同じ年には先んじて日本社会党も左派合同によって立ち上がり、55年体制ができた。実はこの翌年1956年2月には早速、政治と宗教に関して国会で紛糾する問題が起きた。立正佼成会の問題である。

日本社会党の田中一は立正佼成会が周辺の約一万坪以上の土地を取得して組織した和田堀第二十一地区画整理組合の組合長及び副組合長が公文書偽造、背任等の容疑で逮捕された事件を参議院建設委員会で取り上げた。田中はその質疑において、手続きに関わった当時の東京都知事の安井誠一郎が立正佼成会の会員であったという指摘をしている。安井は1947年の最初の東京都知事選で立正佼成会から推薦を受け、自民党前身の自由党と民主党からも推薦を受け3期連続で都知事選挙に当選した。都知事を三期務めたあとは衆議院議員として旧東京1区から自由民主党公認で出馬もしている。

その翌月には、日本社会党の猪俣浩三が立正佼成会による参拝強要事件を衆議院法務委員会で取り上げた。事件概要は当時の議事録に詳しくある。

これは、自分の最も愛する母親トラというのが自殺をした。その自殺の原因をだんだん割っていくと、立正交成会で非常に信仰的な脅迫をした。このトラは中風病にかかっておった。それをなおしてやると称して参拝を強要するのみならず、山梨県の身延山とか千葉県の誕生寺などに団体参拝を強要して、家族一同がこのからだでは無理だと言うにかかわらず、お前は参拝しなければならぬと、参拝を強要いたしました。そうして、毎日参拝しろと、その交成会そのものに参拝を強要するのみならず、こういう遠いところの旅行までも強要しましたから、安静にすべきこのトラが一日々々衰弱している。そこで、親類がとにかく全部で、この参拝及び団体行動をしないようにトラに申し向けても、この交成会の幹部たちが入れかわり立ちかわり、やってきて、それを怠れば直ちに死んでしまうようなことを言うておどかした。しかし、親族はどうしてもそれをさせられないので、今度はトラが、それじゃだれか代参をする者があればいいから、だれか代参してくれというようなことを言い出したけれども、だれも、この立正交成会から脱会させたいと考えておりましたから、代参する者はなかった。そうすると、自分はもう神のお告げで救われないと考えて、彼女はネコいらず自殺をした。こういう事案であります。

（＊1956年3月23日 第24回国会 衆議院 法務委員会 第19号）

戦後間もない1956年に立正佼成会は旧統一教会問題同様に会員との間に様々な問題を起こしていたのである。当時の新聞メディアでも継続して報道されていた。同質疑では立正佼成会から政治家への献金についても触れており、「こういう新興宗教の陰にはみんな政治家がくっついておる。みんな政治献金をとっておる。この立正交成会の陰にも二、三あります。」と言及している。

一連の立正佼成会への質疑は1956年を通じて、日本社会党が延々と関係委員会で議題にしているが、自民党議員からの質疑は全くなかった。そして、当時文部省の宗教法人審議会の委員には立正交成会の開祖である庭野日敬が入っていた。1953年4月15日に初代自民党総裁になる鳩山一郎（当時は自由党総裁）が庭野日敬のところへ訪ねている。既に自民党結成時から自民党と立正佼成会の関係は少なくともあったわけである。1956年4月30日と6月1日に庭野日敬は衆議院法務委員会に参考人招致に応じ、喚問されている。しかし、いざ日本社会党から立正佼成会に解散命令請求や犯罪行為の実態調査を求めようとすると、当時の担当事務官は「宗教法人法八十一条におきまして検察官に解散請求権が与えられておるのでありますが、人手不足というふうな点もございまして、これらに関しましてはいまだその組織がございません。」と答えるほか、様々な複雑な現状を説明するも立正佼成会を守るような答弁を展開している。

1956年にはもう一つ政治と宗教で大きな変化が起きた。創価学会系候補の当選である。1956年7月に行われた第4回参議院選挙で創価学会系無所属の候補者が3名当選した。これまで創価学会のように、宗教団体として独自の政党を作ろうと国政に進出した宗派は無かった。創価学会の国政進出を皮切りに新宗教団体も国政選挙に積極的に関わるようになる。庭野への参考人招致で危機感を感じたのかもしれない。

立正佼成会も１９５９年の第５回参議院選挙から全国区で緑風会から出馬する前田久吉に対し、初めて統一候補として推薦を出し、各都道府県選挙区の候補者に対しても推薦を出している。以後衆議院選挙や地方自治体の首長や議員の選挙でも推薦を出している。

社会的に宗教問題が起ったことで政党と宗教団体の関係の重要さが増し、個別の候補者を立てるだけではなく候補者へ推薦を出し自民党全体へ影響を与えるべく宗教団体は舵をきっていった。また、立正佼成会の庭野は鳩山一郎との面会以後も総理総裁となる前の佐藤栄作や田中角栄などとも面会を行い、以降も１９９０年代半ばまで頻繁に自民党幹部との面談を頻繁に重ねている。庭野日敬は政治と宗教の関係に先鞭をつけた人物であった。

宗教系政治団体の出現、宗教政治研究会の玉置和郎

１９６４年には生長の家政治連合と公明党も設立され、この頃から靖国神社の国家護持問題も表面化する。靖国神社国家護持等に関する請願が１９６４年２月の内閣府委員会に提出されるのをきっかけに同内容の請願が幾度と提出されるようになる。新宗教の宗派と政治への関わり方は靖国神社に対する態度も大きく影響しており、生長の家のように靖国神社国家護持を推し進める宗派、立正佼成会のように靖国神社国家護持に反対する宗派と別れた。賛成派と反対派がこうして靖国神社問題を契機に国政へと積極的に関わるように変化していく。

１９６５年には立正佼成会など新宗教の団体である新日本宗教団体連合会が新日本政治連合を結成させた。こうして新宗教が表立って国政に関わるようになったのである。１９６５年に参議院選挙が行われると新宗教から自民党の候補者に対し推薦が出るようになる。１９６５年から始まる昭和40年代はまさに政治と宗教の黄金期となる。

１９６５年、第７回参議院選挙の全国区で新宗教から推薦を受け当選した自民党所属の議員は玉置和郎（生長の家）、楠正俊（新日本宗教団体連合会）、内藤誉三郎（立正佼成会、実践倫理宏正会）、内田芳郎（霊友会）となっている。１９６２年第６回参議院選挙でも生長の家は自民党から全国区で候補者として玉置和郎を出馬させたが落選していた。第７回参議院選挙では各都道府県選挙区の議員にもそれぞれの宗派が推薦を出している。前回惜しくも敗れた玉置は１９６５年の参議院選挙で初当選を果たした。玉置の秘書には共に生長の家に入信し、後に参議院議員となり日本会議の生みの親と呼ばれるようになる村上正邦がいた。こうして、自民党と宗教の距離は大きく縮まった。

１９６９年６月に靖国神社法案が自民党から議員立法で提出され、11月に靖国神社に祀られる英霊に対する国家儀礼の確立をめざすことも目的の一つとする神道政治連盟も結成される。靖国神社法案とは靖国神社を国家管理とするよう定めた法律案である。以後、これを含め１９７４年まで計５回国会に提出するが、すべて廃案となる（＊1986年10月20日 東京読売新聞）。靖国神社法が廃案となるかたわら、１９７４年４月、日本を守る会が発足される。日本を守る会は後に日本を守る国民会議と合わさり日本会議へと発展する。日本を守る会の設立経緯における説明は寺田喜朗の「日本会議と創価学会　安倍政権を支えるコミュニティ」から説明を引用する。

日本を守る会は、1974年に朝比奈宗源（臨済宗円覚寺派管長）が富岡盛彦（富岡八幡宮宮司・元神社本庁特集　コミュニティの再生・創生と宗教総長）と諮り、伊達巽（明治神宮宮司）・谷口雅春（生長の家総裁）等を引き込む形で設立された宗教者を中心とした民間団体である。発足時の代表役員には、山本荘八・安岡正篤等といった文化人と共に岩本勝俊（曹洞宗管長）・金子日威（日蓮宗管長）・清水谷恭順（浅草寺貫首）・小倉霊現（念法眞教燈主）・関口トミノ（仏所護念会教団会長）・蓮沼門三（修養団主幹）・岡田光玉（世界真光文明教団教え主）等といった宗教団体・宗派の指導者が名を連ねた。

（＊寺田2017、p103－104）

日本を守る会はこのように伝統的宗教と新宗教が合わさり結成された。村上正邦も日本を守る会の立ち上げを事務局員として担った後、1974年7月に参議院議員に初当選した。1975年には総理大臣の現職では初めて8月15日に、三木武夫が私人として靖国神社参拝を行った。その10年後1985年には中曾根康弘が総理大臣として初めて公式に参拝した。

1977年に参議院議員選挙が行われると、宗教団体の推薦を受けて当選した全国区の議員が12人となる。この選挙で自民党から全国区で当選した議員は18人であり、3分の2が宗教団体から推薦を受けていた。生長の家出身の玉置和郎は全国区で3位に入る得票を得て自民党内で頭角を現した。玉置はこのときに三期目の参議院議員となり、福田赳夫総理から入閣に誘われた頃でもあった。玉置は当時から周辺に裏方に徹すると発言しており、自民党参議院幹事長ですら断った。代わりに玉置が立ち上げたのが宗教政治研究会である。宗教政治研究会が宗教団体の陳情窓口となった。

1977年11月1日に宗教政治研究会は紀尾井町のホテルニューオータニで発会式を開催した。自民党から福田総理、大平正芳幹事長、中曾根康弘総務会長らが来賓として出席。福田は発会式の挨拶で「人間性が喪失している現代にあって、人間性を回復することが人類最大の課題である。人間復興をめざして、この人類最大の課題を解決しようという、宗政研の発足は実に意義深いものがある（*竹内1989）。」と発言している。

玉置は宗教政治研究会の活動について「宗教政治研究会は、宗教心に基づく政治の確立を願う衆参両院議員の有志の同志的結合体であります。人々が畏敬の心を忘れ、世俗的欲求の追求に専念しがちな今日、本会は歴史的危機に対する応答として意義を持つものです。本会は、政治家が宗教団体を利用するためのものでもなく、特定宗教団体がその利益を政治家に代弁させるものでもありません。しかし、本会は政治家の研究集団でありますから、研究の成果は立法活動を通じて政治に反映してまいりたいと思います。もとより、宗教政治研究会は、一貫して、政教分離と信教の自由の大原則に立つことはいうまでもありません（*竹内1989）。」と語っている。

宗教政治研究会のメンバーは三十五人の自民党議員で結成された。会長が玉置、会長代行に参議院議員の楠正俊、幹事長に佐藤隆がそれぞれ就任した。会長代行の楠正俊は新日本宗教団体連合会の推薦を受け当選しており、同団体の事務局長出身である。結成後、宗教政治研究会の法人会員は年百万円の会費を五百社が支払っており、それだけで年間五億円の予算を玉置は持っていた。宗教問題をはじめ、当面する政治課題について勉強会を開く一方、宗教政治研究会の力をテコに玉置は議員活動を展開した。

１９７８年は、宗教政治研究会の総会で、玉置は当時の大平幹事長、中曾根総務会長、福田首相らにその年の秋に行われる総裁選挙に向けて個々に政治に対する所見を話させている。宗教政治研究会は派閥横断的な面もありつつ、派閥としての色合いも持っており、宗教政治研究会に入会した議員には入会時に２００万円、支度金として億の金がわたされたと噂された。国会近くのパレロワイヤル永田町に事務所を構えたのも玉置が最初である。豊富な資金を支えとして、パレロワイヤルの玉置事務所の１室が高級クラブのようなスタイルとなっており、月に一度の定例的な集まりには、中川一郎、渡辺美智雄、佐藤隆、竹下登、安倍晋太郎、金丸信、奥野誠亮、三原朝雄、藤尾正行らが集まった。

１９８２年に宗教政治研究会と玉置は最盛期を迎える。宗教政治研究会には宗教信者議員だけでなく、にわか信者議員も所属するようになり、１１０名の議員が所属した。当時新しい組織票の仕切りとして注目され、他の議員からすれば所属することで金と宗教団体票が得られる宗教政治研究会はまさに打ち出の小槌だった。また、年間5億円を集める宗教政治研究会とは別の会計で、玉置の後援会は年間で20億円も政治資金を集められるほどになっていた。（＊樋口１９８７）

1982年8月18日に公職選挙法が改正され全国区制は廃止、拘束名簿式比例代表制が導入された。玉置が出馬していた参議院全国区は無くなった。しかし、玉置は1983年に参議院全国区から衆議院和歌山二区に転出し、衆議院議員として当選した。全国区から衆議院に転出したのち、玉置の支持母体であった生長の家は1983年の優生保護法をめぐって自民党と対立し離れていった。生長の家政治連合の活動も停止し、1985年に開祖の谷口雅春が亡くなったことで日本を守る会からも脱退。政治からも距離を置くようになる。玉置は新しい政治キャリアを築いていくと見られた1987年2月に肝不全で総務庁長官在任中に亡くなった。玉置和郎という政治家は、これまで宗教団体が個別に動いていたことで分散していた政治への影響力を議員集団の宗教政治研究会を作り一本化し、また宗教団体が持っていた集票力や集金力を握った政治家であった。玉置が亡くなった後、宗教政治研究会は名誉会長に玉置の盟友であった金丸信、会長に加藤武徳を迎えて再出発した。

参議院全国区制から拘束名簿式比例代表制に移行したことで、比例順位を政党が握ることになり宗教団体系候補者の差配を政党側が強く行えるように変化した。関係が良好な組織団体は比例名簿上位に掲載されることとなる。

自民党と宗教団体の関係弱体化

1989年6月2日にリクルート事件と消費税導入が響き退陣した竹下登総理の後、宇野宗佑が自民党両院議員総会で自民党総裁に選出され総理大臣となった。総理となった6月、宇野は7月に実施される参議院選挙を前にいくつかの宗教団体へ協力を求め訪問した。訪問先は立正佼成会、妙智会教団、生長の家などであった。しかし、リクルート事件と消費税導入だけでなく宇野自身のスキャンダルも響き参議院選挙で惨敗し海部俊樹総理へ交代する。

1990年5月31日、これまで宗教団体との関係をテコに自民党内で権勢を誇った宗教政治研究会も解散した。2月に行われた衆院選挙で事務局長であった松田九郎が落選し、前年の参議院選挙で会員の議員が多く落選してしまったことで解散に至った。1992年の参議院議員選挙では霊友会、世界救世教、仏所護念会、立正佼成会は自民党から候補者を立てたが、新日本宗教団体連合会所属の宗教団体は比例区での候補者擁立をほとんど行わなかった。

1995年7月の参議院議員選挙では、反創価学会キャンペーンを行った四月会が中心的に自民党の比例区で候補者を擁立した。自民党に選挙支援を行った主な宗教団体などは世界救世教、霊友会、仏所護念会教団、神道政治連盟、崇教真光、全日本仏教会であった。オウム真理教事件から宗教界全体に影響の出る宗教法人法の改正が議論されるなかの選挙であった。

1995年10月、当時自民党幹事長であった加藤紘一は宗教法人法の改正内容について、都道府県から国へ所轄庁移管後に認証手続きをやり直す必要があると公に発言した。自民党内の宗教法人法の改正内容の方向性がみえてくると、各宗教法人や関係者から反対意見が相次いだ。

立正佼成会は文部省に改正反対の意見書を提出したと発表。宗教法人審議会の委員が宗教法人法の改正を求める審議会の報告に委員の慎重意見が反映されていないとして、審議委員からも抗議文が文部大臣に提出されるなど審議会も紛糾した。

同月には立正佼成会の推薦候補でもある田沢智治法相が立正佼成会から2億円借り入れたことについて、新進党に質問を削除するよう裏取引を持ちかけるなどの問題が発覚し就任から二カ月で辞任している。

自民党は宗教法人法改正の議論と並行して、憲法20条の解釈見直しや政教分離について改めて定める政教分離基本法の制定、米国のように、政治活動をした宗教法人は、税法の特権を受けられないよう宗教法人課税の見直しを検討すると党幹部が発言するなどした。政教分離基本法は創価学会の選挙を規制することを目的としていると自民党幹部は公でも発言していた。

議論されていた内容としては、税制優遇の恩恵を受ける宗教団体が宗教施設や教団機関紙を使って選挙活動をすることなどを禁じる内容であった。こうした内容は自民党内部でも自民党支持を表明する宗教団体からも反発があり、議論がまとまらないまま終わった。（＊1995年12月9日 朝日新聞 朝刊）（＊1995年12月27日 朝日新聞 朝刊）（＊中野2004）

自民党は創価学会の選挙運動を脅威に感じ、宗教の政治参加を規制しようとするほど敵対していたが、新進党が瓦解したことで、１９９８年の参議院議員選挙前に自民党は公明党との関係を修復しようとし、今度は反創価学会を掲げていた四月会との関係がこじれつつあった。当時の読売新聞には宗教団体からの自民党支援の動きが鈍くなったと書かれている。

自民党は二十四日に参院選の比例名簿順位を決定する。同党を支援する各種団体の集票力が順位を大きく左右するが、今回特に注目されるのが宗教団体の推す候補の名簿順位。旧公明党勢力への接近を探る加藤幹事長ら党執行部の動きに反発し、自民党支援の宗教団体の動きが従来と比べて鈍いためだ。　自民党の比例代表に候補者を送り出している宗教団体は、立正佼成会、霊友会、世界救世教、仏所護念会など。前回の九五年参院選では、世界救世教の推す成瀬守重氏が四位、仏所護念会の尾辻秀久氏が六位。前々回の九二年参院選でも、世界救世教の下稲葉耕吉氏が二位、仏所護念会の藤江弘一氏が七位、霊友会の久世公堯氏が十四位、立正佼成会の田沢智治氏が十八位と、常に当選圏内を確保している。　ところが、今年五月、自民党がかつて創価学会攻撃のために機関紙「自由新報」に掲載した記事について、創価学会の抗議を受け入れて謝罪文を掲載。これがきっかけで立正佼成会や仏所護念会などから不満の声が噴き出した。創価学会を支持母体とする新党平和、公明の旧公明党勢力との連携を強める自民党の動きが「裏切り」と映ったようだ。

（＊１９９８年６月24日 東京読売新聞 朝刊５面）

同選挙で立正佼成会が自民党の比例区に擁立した田沢智治は落選し議席を失った。1999年9月の自民党総裁選挙でも公明党との連立を推し進めようとする小渕恵三に対して、四月会は明確に対立姿勢を示した。

創価学会に批判的な宗教団体などでつくる「四月会」（俵孝太郎代表幹事）が自民党総裁選で、公明党との連立に慎重な加藤紘一・前幹事長と山崎拓・前政調会長を支援する方針を固めたことが、自民党内に複雑な波紋を広げている。総裁選で投票資格を持つ約三百万人の党員のうち、四月会傘下の仏所護念会教団などに所属する党員は約十六万人とされる。四月会は「関係団体に積極的に働きかけ、小渕首相（総裁）が党員票で過半数に届かないよう努力する」と意気込んでいる。これに対し、首相の総裁再選を目指す自民党小渕派が強く反発。同派幹部の野中官房長官は二十七日の記者会見で、「宗教団体が（総裁選に）くちばしをいれることは誠に残念だ」と批判した。

（＊1999年8月30日 東京読売新聞 朝刊5面）

仏所護念会が一つの宗教団体で自民党員全体の5％程度もの党員を抱えていることはすごいが、結果としては総裁選では小渕恵三が勝利し、四月会の宗教団体とは距離が空くこととなった。特に立正佼成会と自民党の関係は、1998年に行われた参議院選挙では立正佼成会の組織内候補であった田沢智治の議席も失い、1999年には開祖の庭野日敬も亡くなり、反公明党の立場でも自民党と合いいれず、薄れていった。
一方で、１９９７年5月に「日本を守る会」と「日本を守る国民会議」が合流し、日本会議が結成され、１９９８年の参議院選挙では日本会議議員懇談会事務局長の小山孝雄が神道政治連盟の推薦を受け当選している。

靖国神社参拝から始まる宗教団体との関係修復

２００1年に小泉純一郎が総理となり靖国神社をポケットマネーで参拝するパフォーマンスをすることで、壊れかけていた四月会所属の宗教団体と関係を修復していく。立正佼成会は元々靖国神社に対し慎重な姿勢を持っていたため、関係を修復することなく自民党から離れ、民主党との関係構築を進めていくことになる。

自民党は、公明党との連立を機に自民党離れした宗教団体との関係修復を着々と進行中。民主党なども、自公連立や小泉首相の靖国神社参拝問題に反発する教団に接近している。小泉首相は十一日夕、首相官邸で、霊友会の政治団体「インナートリップ・イデオローグリサーチ・センター」（ＩＩＣ）の荻窪新始所長と会談した。荻窪氏は「今まで距離を置いてきたが、小泉内閣になったので応援したい」と述べ、首相も「それはありがたい」と応じた。

自民党関係者は「自民党と霊友会の手打ち式だった」と解説する。霊友会はかつて、立正佼成会、仏所護念会教団、MOA(旧世界救世教)と並んで自民党の比例名簿に独自の推薦候補を担いだほどの同党の有力支持団体だった。だが、小渕元首相が九九年に公明党と連立したのを機に、霊友会、仏所護念会、立正佼成会はそろって自民党離れを起こした。特に霊友会は昨年六月の衆院選で、公明党が推薦した自民党候補の推薦をわざわざ取り消したほどだ。

仏所護念会も、首相の靖国神社参拝の姿勢を評価し、今回の参院選では自民党候補の支持を明確にしており、同党は、立正佼成会以外の団体とはほぼ関係を修復した。教団側も、「小泉人気」で自民党の支持率上昇を受け、関係改善した方が良いと判断したようだ。

(中略)

一方、野党側も、反創価学会系の宗教団体を中心に宗教票対策を進めている。民主党では、立正佼成会が比例選候補の佐藤道夫氏の推薦を決めたほか、選挙区でも十二人の候補を推薦した。立正佼成会は、自民党を離党した「新党・自由と希望」代表の白川勝彦・元自治相も支援しており、「自公連立に加え、首相の靖国参拝への反発が、民主党に接近させた」(民主党幹部)と見られる。

自由党の小沢党首も先月二十七日、世界救世教いづのめ教団幹部と会談し、参院選での支持を取りつけた。同党は、曹洞宗住職の村田直治氏も比例選に擁立しており、宗教票の獲得に懸命だ。

（＊２００１年７月12日 東京読売新聞 朝刊４面）

２００１年に行われた参議院選挙では、霊友会、仏所護念会、ＭＯＡ（旧世界救世教）、真如園、宗教真光、黒住教などの宗教団体が自民党の比例区候補を支援した。民主党は自民党が宗教団体との関係修復を図る中、靖国神社参拝への反発をした立正佼成会との関係を深め、２００３年12月に団体交流委員長のポスト新設など宗教団体との関係強化に乗り出した。自民党と民主党の二大政党の対立の中で、55年体制とはうって代わり、宗教団体に対する両党からのアプローチが行われた。そして、その軸の一つが靖国神社参拝への姿勢であった。

自民党は宗教団体へのアプローチを行いつつ、創価学会を支持母体に持つ連立相手の公明党との選挙協力も推し進めた。２００５年に行われた衆議院議員選挙で読売新聞社と日本テレビ系列各局が投票日に共同実施した出口調査の結果をまとめた記事では次のような結果となった。

２００３年の前回衆院選での同調査では、自民党候補に投票したと答えた公明支持層は72％だった。今回は、自民党への投票割合が６ポイント高くなり、自民党圧勝を支えた。

（中略）

今回、公明党が自民党候補を推薦した選挙区は２３９。出口調査では、このうち、８割以上の選挙区で、公明支持層の70％以上が自民党候補に投票した。投票割合が50％に満たなかったのは2選挙区だけだった。

（＊2005年9月30日　東京読売新聞）

2005年で自民党は290選挙区に候補者を立てているが、公明党推薦は239選挙区に留まっていた。全体の8割程度であった。2009年の衆議院選挙になると9割超の小選挙区で公明党推薦が出されるようになった。

これまで自民党と宗教団体との関わりは組織候補を立て、宗教団体からの要望を聞き、自民党全体を応援してもらうという関係であったが、自民党と公明党との関係は政党同士であり、これまでの関係とは大きく異なった。今となっては自民党の衆議院小選挙区ではほとんど公明党推薦を受けるようになっている。参議院は中選挙区制で公明党とも選挙で争うことがあるので事情は異なるが、1人区ではほぼすべての選挙区で公明党推薦を受けている。

こうした経緯を経て、自民党を取り巻く宗教団体の基本構成は、まず公明党の支持母体である創価学会があり、自民党議員による靖国神社参拝を支持する宗教団体で構成されるようになった。

一度離れた立正佼成会も、2012年から8年続く安倍政権の安定性をみて、2016年の参議院選挙の際に民進党で当選した組織内候補の藤末健三を2018年に自民党会派へ移籍させ、2022年に自民党公認候補者として擁立し、藤末は落選してしまいはしたが、自民党との距離を縮めるようになった。

宗教団体にとっても大きな衝撃だった２０２２年７月に起こった安倍晋三元総理銃殺事件が次回、２０２５年の参議院選挙にどのように影響するかは定かではない。

＊参考文献：

文化庁［２０２３］「特定不法行為等に係る被害者の迅速かつ円滑な救済に資するための日本司法支援センターの業務の特例並びに宗教法人による財産の処分及び管理の特例に関する法律の公布について（別添２）法令の概要」
自由民主党ガバナンスコード［２０２２］
寺田喜朗［２０１７］『日本会議と創価学会　―安倍政権を支えるコミュニティ―』
眞田芳憲［２００１］「立正佼成会の政治理念と政治浄化活動」『中央学術研究所紀要』30号、ｐ26－92
中野毅［１９９６］「日本宗教の社会活動」『東洋学術研究』35巻１号、ｐ１４４－１６９
中野毅［２００３］『戦後日本の宗教と政治』原書房
樋口恒雄［１９８７］『玉置和郎の遺言』飛鳥新社
竹内陽一［１９８９］『玉置和郎・その生と死』行研
櫻井義秀［２０２４］『宗教と政治の戦後史』朝日新書
日外アソシエーツ（編）［２０１７］『国政選挙総覧１９４７～２０１６』日外アソシエーツ

日本の宗教規制について（あとがき）

総合教育出版編集部

世界における日本の宗教規制の位置と今後の規制議論

本書を制作するにあたって信教の自由や尊敬する神職の方々に対しては最大限の配慮を行った。宗教を怖がる人もいるが、宗教は人にとっても日本にとっても大切なものである。意識的に宗教信仰をしないでも、宗教行為を行っている人は多い。日本社会に自然と溶け込んでいる宗教を守るために、社会的問題を起こしている宗教法人やそうした問題のある行為に対して規制していくことは重要なことである。旧統一教会に解散命令請求が出されたことも当然のことである。むしろ、旧統一教会への処罰が遅かったために重大なテロ事件が起こってしまったのではないかとすら思う。宗教規制は宗教を守るためでもあり、国家を守るためにも先んじて行われるべきである。しかし、日本の宗教規制の状況はお世辞にも十分であるとは言えない。本書をお読みいただければ規制状況の不備は理解されると思うが、あとがきとして補足する。

世界における日本の規制状況は非常に低い

日本の宗教規制は非常に抑制的である。「日本の宗教状況」の章で江戸時代末期から新宗教が派生し戦前には強い規制があったことには触れたが、戦後は規制に対し非常に抑制的である。「日本の宗教状況」の章では1896年に起きた天理教の問題、「政治と宗教のかかわり」の章では1956年にあった立正佼成会の問題と1995年の宗教法人法改正に至る新宗教の頻発するトラブルについて触れ、「創価学会と公明党」の章では1970年に話題となった創価学会の言論出版妨害事件、「世界平和統一家庭連合」の章では1960年代後半から1970年代にかけ起きた原理研問題や1990年代の霊感商法問題、そして2022年に起こった旧統一教会事件と、本書で取り上げた宗教問題だけでもこれだけ多くの国家規模の問題が起こってきている。

戦前から宗教団体が繰り替えし様々な問題をおこしてきたが、戦後に宗教法人法ができてから本格的な法改正が1回しか行われていない現状には違和感を覚える。日本の規制状況は世界の中でどのような位置にいるか、世界の諸問題、意識、動向について情報を提供する米国の超党派シンクタンクであるPew Research Centerが2024年12月18日、宗教規制についての世界的調査を行った結果を発表している。この調査では198か国にわたり10年以上、政府、個人、社会集団による宗教への規制について、その世界的な傾向を追跡調査した結果を報告している。

この宗教規制についての世界的調査についてのレポートでは政府が課している宗教に対する規制をあらわすGovernment Restrictions Index（GRI、宗教規制指数）と個人や社会集団による宗教への敵対的行為をあらわすSocial Hostilities Index（SHI、宗教に対する社会的敵意指数）を示すグラフがある。

このグラフ中で日本の宗教規制指数は0・6と非常に低かった。比較的宗教規制が緩そうに思えるアメリカは2・7と日本よりはるかに規制が厳しいことがわかる。社会的敵意指数は日本が1・1でアメリカが1・3とあまり変わらない。宗教規制指数が最も高い国は中国で9・1、続いてエジプトの8・4が二番目、G7参加国で最も高いのはフランスで6・4である。参考にそれぞれの社会的敵意指数は中国0・4、エジプト7・4、フランス5・9であった。

198か国にわたって行われた調査の中で日本よりも宗教規制指数が低い国は人口約4万人のマーシャル諸島（0・4）、人口約11万人のミクロネシア連邦（0・4）、人口約500万人のニュージーランド（0・3）の3か国であり、欧米諸国で日本より宗教規制指数が低い国は1か国もない。安全保障、治安維持などの理由も含めて先進諸国では宗教規制をしなくてはならないということだろう。1億を超える人口と世界トップクラスのGDPを有するにも関わらず、宗教規制がほとんどない日本に世界のあらゆる宗教団体が拠点を作りたいと考えることは必然である。宗教問題は日本で今後も避けることなく起こる現実である。

近年、日本で宗教トラブルを起こしている旧統一教会もエホバの証人も海外から来た外来宗教である。海外宗教に対して国民が被害を受け、政治的な影響も発生している。現行法を整備しなければ今後も宗教団体により起こる問題を対処することが難しいのは明白である。日本が外国人労働者を増やすようなことになれば、様々な宗教が国内に入ってくるのだから尚更整備する必要がある。

日本で考えられる宗教規制

本書でも触れているように日本でも霊感商法や児童虐待についての対応はすでに行われている。特に児童虐待に関しては厚生労働省が非常に強く踏み込み宗教虐待Q＆Aを公開した。これから宗教虐待が日本から消えることを祈っている。本書の目的の一つは宗教虐待Q＆Aの内容が広く教育や子どもに関わる人々に広がることである。

一方で、政治と宗教の関係においてはほぼ規制が無いのが現状である。「政教分離」の章で説明したように日本の政教分離は政府と宗教の分離であって政治と宗教の分離ではない。政治と宗教間の規制が無いため、宗教法人と政治家の関係も頻繁に問題になってきている。米国では政治と宗教においても明確に規制が行われている。内国歳入法にJohnson Amendment（ジョンソン修正条項）と呼ばれる次のような修正条項の追加によって宗教団体の政治活動は禁止されることとなった。36代米国大統領にもなったリンドン・ジョンソンが上院議員であった1954年に非課税団体を対象として出した修正案である。

"and which does not participate in, or intervene in (including the publishing or distributing of statements), any political campaign on behalf of (or in opposition to) any candidate for public office."

「また、いかなる公職候補者のために（または反対して）の政治運動にも参加せず、介入（声明の公表や配布を含む）もしない。」

米国ではジョンソン修正条項により慈善団体や宗教団体などの非課税団体に政治献金や政治活動がみられた場合は非課税団体ではなくなり課税団体とされることになる。政治献金などを行った場合は献金額に応じて課税されるといった規制もみられる。

日本でも宗教団体は米国と同じく広義の公益法人とされているため、同様の条項を日本国内でも入れることはさほど難しくない。宗教法人法で定められている罰則は虚偽や提出書類の拒否などに対する10万円以下の過料と解散命令という極端な内容しかないのも問題である。解散まではいかないものの、深刻な問題を起こしている宗教法人はこれまで多数ある。そうした団体に対して罰則として課税を行うことを規定してもよいと考える。過去に遡って問題を起こした宗教法人を非課税対象から外し、税を徴収し、過疎地にあり困窮しているが地域に大切にされている宗教施設などを守るための補助金の財源とすることもできる。

こうした法改正をするためには勇気ある国会議員がいなければならない。宗教団体からの政治的圧力は日本ではとても強大である。「政治と宗教のかかわり」の章で扱った東京読売新聞の記事中には仏所護念会教団だけでも1999年時点で16万人の党員を抱えていると記録されている。自民党員は現在100万人程度であり、2024年の総裁選で党員票トップであった高市早苗は約20万の党員票であった。現在も仏所護念会が同数の党員を保持しているかは定かではないが、その影響力の強さはかなりのものであると推測される。政治接触において問題となった旧統一教会もかなりの党員は抱えていたのではないだろうか。宗教団体に対する政治接触の規制をかけておかなければ、日本の政治が特定の宗教団体から多大な影響を与えられるのではと懸念に及ぶことは当然である。

「日本の宗教状況について」、「政治と宗教のかかわり」の二つの章でも取り上げているが、日本の選挙制度はボランティアにより成り立っており、働き手が足りない現代日本では宗教団体でもない限りボランティアの人手を多く融通することなどできない。必然的に常時人手を確保できている特定の政党以外は宗教団体に頼りやすい欠陥構造となっている。そろそろ選挙運動員をボランティアに縛る公職選挙法は改善すべきである。選挙活動ボランティアをきっかけに特定の意図を持った宗教団体が政治接触を図ったという事例も本書に記載している。政治接触を禁止するのは宗教法人の言論の自由を阻害するという批判もあるかもしれないが、アメリカのように課税団体となり納税すれば政治接触することができるようにしておけば何も問題はない。

政治接触には課税ともう一つ課すべき内容がある。財務情報の公開である。先述で宗教団体は公益法人と考えられると述べたが、一般的な公益法人は公益法人法（公益社団法人及び公益財団法人の認定等に関する法律の一部を改正する法律）で設立根拠が定められているが、宗教法人や学校法人などは個別の法律で定められた公益法人として解釈されている。宗教法人であれば宗教法人法、学校法人であれば私立学校法で定められている。

公益法人は一般的に財務の公開が公益法人法で定められており、財務情報を求めれば誰でも閲覧やコピーができるようになっている。比較して、学校法人と宗教法人は設立根拠となる法律内に財務公開を説明する条文は無い。しかし、学校法人は9割以上が自主的に財務関係資料を公開している（＊文部科学省２００９）。一方で、宗教法人の財務関係資料の公開は十分なものとは言えず、現行法制下でも収支書類の提出の有無については開示していくべきとの指摘もなされている（＊藤原　２０２１）。

旧統一教会の問題で浮き上がったものの一つが海外送金でもあった。宗教法人の財務情報開示がされていれば日本から海外へ数百億円以上の資金が送金されていることにいち早く気づけ、問題視できたのではないだろうか。宗教法人の財務情報の公開については過去に議論があり、本編で仔細に記述しているが、1995年に国会へ参考人招致された当時の創価学会会長の秋谷栄之助は次のような趣旨を述べている。

「財務情報の公開は、他の公益法人にも例がないから宗教法人だけ行うのは突出してしまう。」

公益法人法が成立したのは2006年であり、秋谷がこたえた1995年時点では確かに公益法人の財務情報の公開は一般的ではなかったのだろう。しかし、現在の公益法人は財務情報の公開を法律で決められ、公開している。法律になくとも学校法人は自主的に財務を公開している。

公益法人による財務公開は一般的となったので、創価学会も財務の公開をしているのだろうかと公式ウェブサイトを覗いたが公開されていないようだった。近い将来公開する予定であることを期待する。財務関係資料を公開することで、非課税とされる喜捨金と事業収益の混同やごまかしなどを疑う批判から宗教法人を守ることにも繋がる。

課税免除されている法人の財務公開は当然課すべきではあるが、地域によってはお一人で多くの神社やお寺を管理していて懐事情も大変厳しい宗教法人があることもわかっている。そうした宗教法人の運営者に財務公開を課することは大変な負担となり過疎地の寺社仏閣を廃棄する要因にもつながるため、公開義務を課す範囲を規模や運営状況などによって定めることも必要である。

誠実に宗教へ取り組み、地域社会を支えておられる神職の皆様にあらぬ誤解や負担がかからぬよう、国民が納得できる形で宗教規制に取り組む必要性がある。既に日本では外国人労働者が年々増加しており、未知の宗教が入ってきている。これまで以上に予測不能の事態がいつ起こるかわからない状況なのである。大分県別府市ではムスリム協会と地域住民で土葬問題が起こっているなど、日本各地で様々な宗教問題がすでに起こり始めている。いつ宗教的対立から暴動に発展するかはわからないが、海外などでは既に激しい宗教対立から暴動が起きる事例は数多くある。将来にわたり、日本社会を守るため、ひいては日本由来の宗教を残すためにも、必要な規制を早急におこなわなければならない。

最後に、本書制作のためご協力頂いた田畑淳弁護士、監修をしていただいた本田正美先生、また専門的意見を頂いた皆様に感謝申し上げます。

＊参考文献：
文部科学省［2009］『財務情報の公開について』
藤原究［2021］「公益法人制度改正と宗教法人」『杏林社会科学研究』36（4）、p131-143

〈編集〉
宗教規制問題研究会
総合教育出版編集部とエホバの証人問題支援弁護団に所属する弁護士の田畑淳を中心に、宗教規制問題について研究を行っている会。

〈著者〉
田畑 淳
エホバの証人問題支援弁護団メンバーとして活動中。栄光学園高校、東京大学、慶應義塾法科大学院を卒業。司法試験合格、司法修習終了後、都内と横浜の法律事務所に勤務。2010年4月から溝の口法律事務所の代表弁護士。

〈監修〉
本田 正美

宗教規制
宗教虐待と政治の関係からみえる規制のありかた

2025年2月26日　初版発行

編　集　宗教規制問題研究会

発行者　伊藤和徳
発　行　総合教育出版株式会社
〒220-0004
神奈川県横浜市西区北幸2-13-20 第七NYビル1階
電話　03-6775-9489
発　売　株式会社星雲社（共同出版社・流通責任出版社）

編集・装丁・販売　総合教育出版編集部
印刷・製本　精文堂印刷株式会社

Printed in Japan
ISBN978-4-434-35109-9